留魂録

Die Deutsche Bibliothek – CIP Einheitsaufnahme

Wolf Hannes Kalden (Hrsg.):
Yoshida Shōin: Ryūkonroku – Aufzeichnungen eines innehaltenden Herzens.
Mit einem Geleitwort versehen, übersetzt und kommentiert von Wolf Hannes
Kalden.

ISBN 978-3-942818-15-5

© Verlag: Kalden-Consulting Bad Soden-Salmünster 2018
Druck: Books on Demand GmbH, Norderstedt

Biographische Informationen der Deutschen Bibliothek
Die Deutsche Bibliothek verzeichnet diese Publikation in der Deutschen
Nationalbibliographie; detaillierte bibliographische Angaben sind im Internet
über http://dnb.ddb.de abrufbar.

Ryūkonroku

Aufzeichnungen eines innehaltenden Herzens

留
魂
録

übersetzt und kommentiert von
Wolf Hannes Kalden

Für meine Prinzessin 👸
Das nächste Buch dann mit Story.

Inhaltsverzeichnis

Yoshida Shōin

Das folgende Geleitwort zur Übersetzung des *Ryūkonroku* gibt einen Überblick über die Biographie seines Autors Yoshida Shōin sowie den gesellschaftliche Hintergrund in Japan Mitte des 19. Jahrhunderts. In diesen Jahren öffnete sich das Land nach einer 250jährigen, entgegen der landläufigen Meinung nicht ganz hundertprozentigen, Abschottung dem Ausland. Die politische Situation im Lande in Verbindung mit der von außen erzwungenen Öffnung führte letztendlich zum Bürgerkrieg und 1868 zur Gründung des modernen Japans durch eine Machtverschiebung von der Herrschaft der Shōgune[1] hin zur Einführung einer konstitutionellen Monarchie unter dem Kaiser Meiji. Für die einzelnen Menschen war es eine Zeit, in der förmlich Welten aufeinander prallten.

Kein geringerer als der Autor der *Schatzinsel*, Robert Louis Stevenson, setzte Yoshida Shōin mit *Yoshida-Torajiro* 1880 ein literarisches Denkmal im angloamerikanischen Sprachraum – ein Jahrzehnt bevor die ersten japanischen Biographien über diesen Vordenker der Meiji-Restauration erschienen. Seine Informationen erhielt der britische Autor im schottischen Edinburgh von Masaki Taizō, einem Schüler von Yoshida Shōin. Diese Nähe seines Informanten bot für Stevenson die Möglichkeit, seinen Lesern ein sehr persönliches Bild von Yoshida zu zeichnen. Neben seiner Bedeutung für die ansetzenden politischen und gesellschaftlichen Veränderungen in Japan, beschreibt er in *Yoshida Torajiro* auch die Person: Yoshida sei hässlich und von den Pocken lachhaft entstellt

---

[1] *Sei-i Tai Shōgun* (kurz: *Shōgun*) ist seit Ōtomo no Otomaro (731 - 809) der Titel der Armeebefehlshaber, die gegen das Volk der Emishi im Nordosten Japans ins Feld geschickt wurden. Der bekannteste war Sakanoue no Tamuramaro (758 - 811). Der Titel lässt sich als oberster Kriegsherr verstehen und seine Regierung wurde, um das temporäre zu verdeutlichen, als *bakufu*, d.h. Zeltregierung, bezeichnet. Mitte des 12. Jahrhunderts wandelte sich der Begriff hin zu dem Titel der militärischen Herrscher Japans, welche mit Unterbrechungen bis 1867 die politische und militärische Macht auf den Inseln innehatten.

gewesen. Sein Benehmen sei schlampig, seine Kleidung in einem elenden Zustand. Seinen Haarknoten, als traditionelle Frisur der Samurai, soll er nur zweimal im Monat gepflegt haben. Nicht gerade das Erscheinungsbild eines klassischen Helden, insbesondere da Yoshida Shōin in seiner Rede aufbrausend und oftmals beleidigend war – aber als Lehrer erreichte er mit seiner Sanftheit und seinem Wissen seine Schüler und begeisterte sie für seine Ideen.

Yoshida Shōin wurde am 30. September 1830 im Dorf Matsumoto nahe der Burgstadt Hagi, der Residenzstadt des Lehens Chōshū, geboren.[2] Er erhielt den Namen Torinosuke, wechselte diesen aber gemäß der damaligen Tradition innerhalb japanischer Samurai-Familien im Laufe seines Lebens mehrmals. Daijirō, Matsujirō und Torajirō wechselten sich in seiner Kindheit ab und als erwachsener Samurai hieß er Norikata. Sein Spitzname war Shigi und die meisten seiner Schriften veröffentlichte er unter den Namen Nijū Ikka Mōshi, dem 21-Mal-kühnen-Samurai. Daneben verwendete er aber in seinen Veröffentlichungen auch die Pseudonyme Hotosei, Muitsu, Hyōichibō, Matsu no Tsaburō und Uchi Manji. Er war der zweite Sohn von Sugi Yorinosuke Tsunemichi und seiner Frau Kodama Taki. Mit einem Einkommen von 26 *koku* Reis[3] gehörte die Familie Sugi zu den ärmeren Samurai-Familien im Lehen. Dabei ist allerdings anzumerken, dass das am japanischen Meer gelegene Lehen Chōshū eine Besonderheit in der gesellschaftlichen Struktur im Vergleich zu den anderen Regionen Japans dieser Zeit aufweist.

Die Gesellschaftsstruktur jener Zeit basierte im Kern auf die Anfang des 17. Jahrhunderts etablierte soziale Aufgliederung in die

---

[2] Als Literatur zur Biographie sei *Yoshida Shōin. Forerunner oft he Meiji Restoration* von H.van Straelen, Leiden 1952 empfohlen.

[3] Die Reisproduktion wurde in dem Hohlmaß *koku* gemessen, wobei seit 1891 1 *koku* etwa 180 Liter Reis entspricht. Diese Menge wurde definiert als die Menge getrockneter Reiskörner, die dem Jahresbedarf eines erwachsenen Mannes entspricht. Die Entlohnung der Samurai erfolgte in Reis, der wiederum verkauft werden musste, um andere Lebensmittel und Waren des täglichen Lebens einkaufen zu können. Umgerechnet in Geld schwankte das Jahreseinkommen der Samurai-Familien beträchtlich, denn es war vom Marktpreis des Reises abhängig. Als Vergleichswert wird das gesamte, durchschnittliche Erntevolumen an Reis in Japan auf ca. 30 Millionen *koku* geschätzt.

Stände der Samurai, Kaufleute, Handwerker und Bauern. Wobei sowohl der Hofadel mit dem Haus des *Tennō*, die Priesterschaft und bestimmte, mit einem Stigma versehene Berufsgruppen wie Schausteller und Gerber außerhalb dieser Struktur angesiedelt sind. Dieses System wurde als so perfekt betrachtet, dass in den folgenden zwei Jahrhunderten, jedes Mal wenn gesellschaftliche, politische oder wirtschaftliche Missstände auftraten, die Reformbewegungen unter dem Aspekt zurück zu 1600 angestoßen wurden. Ein Blick nach vorne, damit verbunden eine Bewertung der sich ändernden Umstände, blieb aus. Die Grenzen der zuvor oben genannten vier Stände waren relativ starr und wurden trotz sich ändernder Realität beinahe dogmatisch betrachtet. Im Zuge der reichseinigenden Kriege im 16. Jahrhundert wurden nicht nur Samurai bewaffnet, sondern auch die Landbevölkerung, um die immer wieder notwendigen Truppen aufzustellen. Mit der Reichseinigung unter Tokugawa Ieyasu (1543 - 1616) und der Etablierung des Tokugawa-Shōgunats (1600 - 1868)[4] stand diese Ausgangslage einer politischen Stabilität aber im Wege. Für die neue Regierung in Edo war es überlebenswichtig, dass die Entstehung einer jeglichen politischen und militärisch starken Opposition vermieden wird. Mit seiner Ernennung zum *Shōgun* durch den *Tennō*, was zugleich der Legitimation seiner Herrschaft gleichkommt, verlagerte Ieyasu seinen Regierungssitz nach Osten hin zu seinen eigenen Besitzungen und baute das Fischerdorf Edo[5] zur Residenzstadt aus. Damit entwand er seinen Regierungssitz nicht nur der Einflussnahme des *Tennō* und des Hofadels in Kyoto, sondern unterband auch deren direkte Zugänglichkeit für die verschieden Fürsten, die *Daimyō*, und andere Untertanen im Land, um eine eventuelle Opposition im Vorfeld zu unterbinden. Eine Ausnahme stellten die *Daimyō* der Mōri des Lehens Chōshū dar, die ihren historisch bedingten, direkten Zugang zum *Tennō* behielten.

---

[4] Alternativ wird auch der Begriff Edo-Zeit (1603 - 1868) verwendet, der sich auf den damaligen Regierungssitz des Shōgunats in Edo, dem heutigen Tokyo, bezieht.
[5] Das heutige Tokyo

Yoshida Shōin (Quelle: Privat)

Die 1600 unterlegenen *Daimyō* mussten sich unterwerfen, wurden umgesiedelt und in ihren Ländereien stark eingeschränkt. Viele Samurai emigrierten damals insbesondere nach Thailand und auf die Philippinen. So siedelten die Tokugawa verbündete *Daimyō* in ihrer Nähe an, während die ehemaligen Gegner an die Randregionen Japans umgesiedelt wurden. Diese Unterscheidung in mit den Tokugawa Herbst 1600 verbündete Familien und gegnerische Familien wurde bis 1868 aufrechterhalten. Im Zuge dieser Umsiedelungen zogen die Mōri vom heutigen Hiroshima nach Hagi und wurden dabei in ihrem Einkommen von 1,2 Millionen *koku* auf 370.000 *koku* zurückgestuft. Damit konnten sie bei weitem nicht mehr ein so großes Heer wie zuvor unterhalten. Weiterhin belasteten Zwangsverpflichtungen zu infrastrukturellen Baumaßnahmen in anderen Regionen des Landes und die doppelte Haushaltsführung durch die angemessene Residenz in Edo die Kassen dieser *Daimyō*. Zudem mussten sie Angehörige ihrer Familien in Edo als Geiseln zurücklassen.

In sogenannten Schwerterjagden (*katana-gari*) wurde die Bevölkerung entwaffnet und den Samuraifamilien eigener Landbesitz verboten. Grob gesagt, wer seine Familie nur mit Landwirtschaft ernähren konnte, durfte keine Waffen mehr besitzen und wer weiterhin zum bewaffneten Teil der Bevölkerung, also den Samurai, gehörte, durfte weder Land bestellen noch einer Arbeit nachgehen. Sie erhielten ihren Lohn, weitgehend in Form von Naturalien, von ihren Fürsten. Durch die erwähnte flächenmäßige Verkleinerung derer Ländereien, falls sie denn 1600 nicht auf der Seite der Tokugawa standen, konnten diese wiederum keine größeren Truppenverbände unterhalten. Da auch die europäischen Mächte Spanien, Portugal und Holland durch ihren wirtschaftlichen wie auch militärtechnologischen Einfluss einen Machtfaktor darstellten, wurde dieser Einfluss eingedämmt und stark durch das Shōgunat kontrolliert. Alle Warenströme erfolgten über die abgeschirmte Insel Deshima im Hafen von Nagasaki. Das Anlegen in anderen Häfen wurde unter Todesstrafe gestellt. Auch der Handel mit China und Korea wurde beschränkt. Zudem wurde auf japanischer Seite der Bau hochseetüchtiger Schiffe verboten und die vorhandenen Flotten zerstört. Japanern wurden Reisen ins Ausland untersagt.

Das Verbot wirtschaftlicher Tätigkeiten für Samurai führte langfristig dazu, dass der politisch bedeutendste Stand, der die gesamte Administration des Reiches darstellte, finanziell mit dem aufstrebenden Kaufleuten und teilweise auch Handwerkern nicht mithalten konnte, sondern sich bei diesen verschuldete. Das Bild eines gut gekleideten, vorbildlich geschulten und erzogenen Samurai, der stolz mit seinen zwei Schwertern durch die Straße schreitet, muss in Teilen dekonstruiert werden. Viele Samurai, insbesondere die einfachen Wachen, konnten sich gerade mal ihren Speer und vielleicht ein Schwert leisten, geschweige denn eine Familie sicher und gut ernähren. Viele Samurai verdienten sich daher, entgegen der eigentlichen Ständestruktur, ein Zubrot beispielsweise mit kleinen Heimarbeitstätigkeiten. In Chōshū war dies nicht anders. Das Fürstenhaus der Mōri setzte sich aber über die Anordnung der Zentralregierung in Edo hinweg und erlaubte seinen Samurai, offiziell nur vorübergehend, aber eigentlich unbefristet, Landwirtschaft zu unterhalten und so ihren Lebensunterhalt zu sichern. Damit konnte sich Chōshū eine relativ hohe Zahl von

Angehörigen der Samurai erlauben. Auch Sugi Yonosuke besserte sein Einkommen als Samurai durch Landwirtschaft auf. Hier wuchs Yoshida Shōin die ersten fünf Jahre bis zu seiner Adoption durch seinen Onkel Yoshida Daisuke 1835.

Trotz der Adoption in den Haushalt seines mit einem Einkommen von 56 *koku* wohlhabenderen Onkels blieb Yoshida Shōin zeitlebens der Familie seines Vaters eng verbunden. Von ihm erbte er wohl auch seine Leidenschaft fürs Lesen. Sugi Yonosuke soll, selbst beim Dreschen oder der Feldarbeit, stets ein Buch bei sich geführt und daraus gelesen haben. In einem seiner Briefe an seine Schwester Chiyo strich Yoshida Shōin, beinahe verklärend, die Vorzüge der Familie Sugi hervor: eine tiefgehende Ahnenverehrung, Verehrung der Götter, Milde und Großzügigkeit gegenüber Verwandten, Literaturstudien und Landwirtschaft. Zudem, obwohl die Familie keinen hohen Rang innehatte, eine tiefgreifende Loyalität gegenüber den Fürsten der Mōri und Verehrung der kaiserlichen Familie. Sein Adoptivvater Yoshida Daisuke war ein sehr ambitionierter Mann, der die chinesischen Klassiker, welche die damalige gesellschaftliche wie auch geistige Grundlage darstellten, studierte und sich als Gelehrter einen Namen machen wollte. Das Haus Yoshida gehörte der von Yamaga Sokō (1622 – 1685) gegründeten Schule der Yamagaryū zu Militärwissenschaften an und Schwerpunkte waren dementsprechend neben Strategie und Taktik der Konfuzianismus sowie Theorien zum Kaiserhaus. Sein früher Tod mit 28 Jahren beendete diese Ambitionen. Jedoch bekamen die Lehren von Sokō so einen frühen und im Laufe der Zeit wachsenden Einfluss auf seinen Adoptivsohn, der jetzt den Namen Yoshida annahm. Spricht er jemals von *senshi* (Lehrer), ist immer Yamaga Sokō gemeint. Mehr Büchern und Schriften zugewandt als Kinderspielen trat Yoshida Shōin 1838 in die Klan-Schule Meirinkan[6] ein. Seine Lehrer Watanabe Rokubei, Hayashi Shinjin, Ishizu Heishichi und Tamaki Bun-

---

[6] Die Schule Meirinkan wurde 1718 auf Erlass des sechsten *Daimyō* Mōri Yoshimoto in Hagi erreichtet. Neben der schulischen Ausbildung war ihr Auftrag auch die militärische Ausbildung. Sie wurde mit der Verlegung der Hauptstadt nach Yamaguchi 1863 hierher verlegt. Hagi war danach nur noch Zweigstelle.

noshin wurden sein Vormund. Insbesondere sein Onkel Tamaki Bunnoshin, der Lehrer des in Japan berühmten Generals Nogi Maresuke (1849 – 1912)[7], beeinflusste seinen Lebensweg. Seinen Schülern hämmerte er insbesondere zwei Leitsätze ein, die den jungen Yoshida prägen sollten: willst du deinem Land dienen, achte darauf, nicht der Mittelmäßigkeit zu verfallen, sowie, 100 Künste zu beherrschen, hat nicht den Wert einer einzelnen Tat. 1843 gründete Tamaki Bunnoshin mit der *Shōka Sonjuku* seine eigene kleine Schule. Seine ersten Schüler und spätere geistige Keimzelle des Widerstands gegen das Shōgunat in Chōshū waren neben Yoshida Shōin Sugi Umetarō, Yasuda Tatsunosuke, Kubo Seitarō, Fukasu Tamon und Asano Ōrai.

Zu dieser Zeit kam Yamada Matasuke, welcher ab 1858 die Militärreformen leiten sollte, aus Edo nach Chōshū und berichtete von den Neuigkeiten aus Übersee. Das Japan dieser Zeit war nicht unbescholten im Hinblick auf wissenschaftliches, politisches oder militärisches Wissen über die anderen Länder dieser Welt. Die Isolation des Landes (*sasoku*) war keine hundertprozentige. Über den Hafen Deshima, Teil des heutigen Nagasaki, kamen über den Umweg holländischer Übersetzungen naturwissenschaftliche wie auch geisteswissenschaftliche Bücher nach Japan und wurden im Rahmen der sogenannten Holland-Studien (*rangaku*) rezipiert, blieben aber nur einem kleinen Teil der Bevölkerung vorbehalten. Zudem wurden technische Entdeckungen wie bspw. Elektrizität erkannt, aber nur als Spielerei betrachtet und es fanden keine Versuche statt, diese Neuerungen und Entwicklungen gesellschaftlich umzusetzen. Die ausländische Präsenz, außer den bekannten holländischen, chinesischen und koreanischen Händlern, vor den japanischen Küsten war spätestens mit dem Auftauchen russischer Schiffe vor Hokkaidō Ende des 18. Jahrhunderts der Zentralregierung bewusst. Aber es gab noch keinen Grund reagieren zu

---

[7] Nogi Maresuke war General in der Kaiserlich Japanischen Armee sowie später Gouverneur auf Taiwan. Er zeichnete sich zweimal durch die Einnahme von Port Arthur aus. 1894 von China sowie 1904/1905 von Russland. Von 1908 bis 1912 war er der Mentor des jungen Tennō Hirohito. Nogi nahm sich am Tage der Beerdigung des Meiji Tennō 1912 das Leben, um ihm zu folgen.

müssen. Ein Bewusstsein für die militärische Gefahr, welche von den ausländischen Mächten ausgehen könnte, entwickelte sich erst 1842 mit dem Sieg der Briten im Ersten Opium-Krieg (1839 - 1842) über das China der Qing-Dynastie. In dessen Folge wurde das in Ostasien als Vorbild und mächtiges Reich geltende China militärisch gezwungen, seine Häfen und seinen Markt für ausländische Waren zu öffnen. Dies musste das Shōgunat verhindern, wollte es weiter die Kontrolle über westliches Wissen und westliche Waren behalten. Darüber hinaus war man sich im Laufe der folgenden Jahrzehnte des Risikos bewusst, dass eine der ausländischen Mächte eventuell Japan als mögliche neue Erwerbung in ihrem Kolonien-Kabinett sehen könnte. Allerdings war dieses Ansinnen bei den Regierungen der einzelnen Imperialmächte nie ernsthaft in Betracht gezogen worden. Yamada Matasuke berichtete in Chōshū von der Entscheidung der Zentralregierung in Edo, dass alle Provinzen, also auch die nicht am Meer gelegenen, sich am Ausbau der Küstenverteidigung beteiligen sollten. Zwischen 1850 und 1860 gab es tiefgreifende Diskussionen unter den Fürsten, Regierungsvertretern und den Vertretern des höheren Verwaltungsapparates, wie mit Ausländern umzugehen sei. Der in dieser Zeit als höchster Beamter amtierende *Rōju* Abe Masahiro (1819 – 1857) wechselte in seiner Meinung, nachdem er feststellen musste, dass die Küstenverteidigung den ausländischen Mächten bei einer Invasion nichts entgegensetzen könnte, hin in das Lager derjenigen, die keine Alternative zur Öffnung des Landes sehen. Schließlich verhandelte er selber Mitte der 1850er Jahre mit den ausländischen Mächten über die zu öffnenden Häfen. Erstmals in der 250jährigen Geschichte des Tokugawa-Shōgunats wurden unter seiner Regierung die einzelnen *Daimyō* gefragt, welche Haltung sie in dieser politischen Krise einnehmen. Es zeigte sich, dass insbesondere die Fürsten, deren Provinzen keine Küsten hatten, und die somit sich um keine Küstenverteidigung kümmern mussten, sich vehement gegen die Öffnung des Landes aussprachen. Lediglich einige wenige *Daimyō* sprachen sich für einen temporären Zugang der Ausländer und ihrer Waren nach Japan für vielleicht fünf oder zehn Jahre aus. Der Fürst und Mitglied der Familie des *Shōgun* Tokugawa Nariaki sprach sich sogar dafür aus, in einem Handstreich die amerikanischen Schiffe zu überfallen und deren Besatzungen gefangen zu nehmen. In diesem Spannungsfeld unterschiedlicher Meinungen schwappte zwischen 1850 und 1860 die öffentliche Meinung, d. h. die der staatstragenden Organe, hin und her.

Auch Yoshida Shōin verstand die Bedrohung und fing 1845 unter Yamada Matasuke an, den Naganuma-Stil in der japanischen Militärtradition zu studieren. Dabei war er so erfolgreich, dass er 1846 sein Diplom erhielt und ab 1848 selber an der Meirinkan unterrichtete. Wichtiger Inhalt waren hierbei auch die *seiyō shimpō*, die europäischen Militärstrategien und Taktiken. Ein Jahr zuvor hatte bereits der Fürst Mōri seinem Unterricht beigewohnt. Dessen Interesse galt insbesondere den strategischen Karten, die Yoshida Shōin angefertigt hat. Zeitweise wurde er als Berater in die Burg gerufen, wo er am 31. Oktober 1848 dem *Daimyō* seine erste größere Schrift überreichte, sein *Ikensho*, in der er nicht nur seine Vorstellungen einer Neustrukturierung der *Meirinkan* darlegte, sondern auch seine Vorstellungen unter anderem bezüglich Schulregeln, Bestrafungen und Belohnungen, Etikette und Prüfungen darlegte. Die Schulausbildung folgte in dieser Zeit weitgehend dem Ablauf, dass der Samurai-Nachwuchs mit neun Jahren in die Schule eintrat, die ersten vier Jahre mit dem Auswendiglernen wichtiger Texte zubrachte, bevor deren Interpretationen erfolgte. Zwischen dem zehnten und vierzehnten Lebensjahr lernten sie zudem Etikette und Kalligraphie. Mit 13 Jahren begannen die Jungen am Bogen ausgebildet zu werden. Ab dem 15. Lebensjahr wurde mehr und mehr Zeit für chinesische Klassiker aufgebracht und mit 16 begann der Einzelunterricht. Vom 18. bis 22. Lebensjahr spezialisierten sich die Schüler auf ihre Schwerpunkte. Dann stand es ihnen frei die Schule zu verlassen oder ihre Studien fortzusetzen. Mit den Neubauten der *Meirinkan* im folgenden Jahr 1849 konnte er einiges hiervon umsetzen.

Yoshida Shōin schrieb 1849 nicht nur sein Werk über *Kriegsszenarien zu See und Land (suiriku senryaku)*, seine *Gegenmaßnahmen (taisaku ichidō)*, *Notizen zur Ausbildung (keikogoto hikae)* und *zur Meirinkan (meirinkan hiake)* sowie sein *Resümee über seine Reisen durch die Buchten* (*kaiho kiryaku*), sondern wurde vom Fürsten Mōri auf eine Inspektionsreise zu den Küsten von Susa, Ōtsu, Toyoura und Akamagaseki geschickt. Im Folgejahr wurde er auf Studienreise durch Kyūshū beordert. In Nagasaki lernte er auf dieser Reise nicht nur Chinesisch, sondern kam auch mit Holländern, ihren Häusern und Schiffen in Kontakt. Schwerpunkt seiner Reise war dabei immer, ausländische Gebräuche, Strategien und Technologien kennenzulernen, sowie Vorschläge für eine effektive Küstenverteidigung zu erarbeiten. Aus diesen Reisen gingen 1850 sein *Tagebuch meiner Reise nach Westen* (*Saiyū Nikki*), sein Werk *Minin Funkō*[8], seine *Notizen zu den kaiserlichen Inspektionen* (*Jōran Hikae*) und die *Chroniken der öffentlichen Angelegenheiten* (*Kōjiki*).

1851 dozierte Yoshida Shōin am 15. März vor dem *Daimyō* Mōri über den militärstrategischer Klassiker von Sun Tsu[9], ganz im Sinne seiner bis dato erfolgten Prägung auf chinesische Klassiker. Zwei Monate später reiste er im Gefolge seines Fürsten nach Edo, die er im *Tagebuch meiner Reise nach Osten* (*Tōyu Nikki*) festhielt. In Edo traf sich Yoshida Shōin mit den Denkern Azumi Konsai, Koga Sakei, Yamaga Sosui und Sakuma Shōzan. Hier erhielt er den Auftrag zweimal monatlich in der Residenz[10] seines Fürsten Militärstrategie zu unterrichten und am 10. Juli referierte er vor seinem *Daimyō* Mōri über die Aufgaben des einzelnen, sich in der gesellschaftlichen, politischen und wissenschaftlichen Fortentwicklung des Staates einzusetzen, über den Dienst am Staat.

Eine weitere Reise 1851 führte Yoshida Shōin nach Kamakura, wo er seinen Onkel, den buddhistischen Priester Chikuin besuchte, und an die Küsten von Chiba und Kanagawa, bevor er nach Edo zurückkehrte. Hier verfasste er seine *Erläuterungen zum Bukyō zensho*[11] (*Bukyō Zensho Kōshō*) und sein *Kanotoi-Tagebuch* (*Kanotoi*

---

[8] Ein nicht wirklich übersetzbarer Titel.

[9] Sun Tsu (ca. 544 – 496 v. Chr.), auch Sunzi genannt, war ein chinesischer General und Militärstratege, dessen Werk *Sūnzǐ bīngfǎ* (*Sunzi über die Kriegskunst*) bis heute publiziert wird.

[10] Die Mōri hatten, wie die meisten *Daimyō*, zwei bis drei Residenzen in Edo zu unterhalten, jede zwischen 15.000 und 20.000 m[2] groß.

[11] Das von Yamaga Sokō (1622 – 1685) 1656 geschriebene Werk umfasste seine gesamten militärstrategischen Ansätze und Lehren.

Nikki). In Edo blieb er bis Januar 1852, als er mit zwei Kameraden, Miyabe und Ebata, nach Norden aufbrach. Diese Reise brachte Yoshida Shōin in Kontakt mit den Vertretern der geistig-philosophischen Schule von Mito, welche einen starken Einfluss auf seine letzten Jahre haben sollten, aber auch in einen Konflikt mit seinem eigenen Fürsten. Zu jener Zeit benötigten Untertanen bei Reisen außerhalb ihres Herkunftslehens eine schriftliche Reiseerlaubnis seitens ihres *Daimyō*. Yoshida Shōin hatte zwar eine solche Erlaubnis beantragt, diese war aber bis zu dem vereinbarten Aufbruchtermin nicht eingetroffen. So entschloss er, ohne zu reisen. Seine Reise führte ihn neben Mito nach Shirakawa, Aizu und Sado, der Insel im Japanischen Meer, die schon Jahrhunderte zuvor als Exil für unerwünschte *Tennō* und Staatsmänner gewählt wurde. Auf der Rückreise lagen Niigata, Akita, Hirosaki, Aomori, Morioka, Sendai und Yonezawa, bevor er Ende Mai wieder in Edo eintraf. Ende Mai schrieb Yoshida Shōin eine Zusammenfassung der Reise und schickte diese an seinen Fürsten, zusammen mit der Bitte um Bestrafung für seinen unerlaubten Aufbruch. Er wurde daraufhin nach Hagi zurückbeordert, wo er Ende Juni eintraf und auf dem Anwesen der Sugi unter Hausarrest gestellt wurde. Heimlich unterrichtete er hier weiter Schüler und schrieb an seinen Werken, wie dem *Tagebuch der Reisen durch die Tōhoku-Region* (*Tōhokuyū Nikki*), der *Untersuchung des Gewissens* (*Mōseiroku*), in dem er anhand von 20 Beispielen aus der chinesischen Geschichte die Bedeutung des Gewissens hervorhebt, seinen *Notizen aus meiner Zeit der Muße*[12] (*Suiyo Jiroku*), den *Notizen aus meiner freien Zeit* (*Gyōyo Manroku*), *Verschiedene Aufsätze* (*Zatsuroku*), seiner *Auswahl alter Schriften* (*Kyūshō*), seinen *Lesungen während meines Hausarrestes* (*Heikyo Dokusho*) sowie seinen *Kanotoi-Notizen* (*Kanotoi Hikki*).

Die förmliche Bestrafung durch seinen Fürsten für die unerlaubten Reisen erfolgte am 19. Januar 1853. Yoshia Shōin verlor seinen Status als Samurai sowie seine gesamten Einkünfte, so dass er auf das nicht gerade große Einkommen seines Vaters Sugi Yonosuke angewiesen war. Kurz darauf zeigte der Fürst Mōri insofern Gnade, dass er Yoshida Shōin eine zehnjährige Reiseerlaubnis inklusive

---

[12] Gemeint ist seine Zeit des Hausarrests.

eines dazu gehörenden Stipendiums gewährte. Daraufhin verließ er Anfang März Hagi und reiste über Sanuki, Settsu, Kawachi und Yamato bis nach Ise, wo er am 15. Juni den berühmten und wichtigsten Schrein des shintōistischen Pantheons besuchte. Von hier aus zog es Yoshida Shōin über Mino, Shinano und Kōzuke wieder nach Edo. Hier kam er im Haus von Toyama Shinzaburō unter.

Yoshida Shōin (Quelle: Privat)

Insbesondere aus seinen Reisetagebüchern ergibt sich das Bild eines jungen, ambitionierten Mannes, der beinahe fieberhaft sich um immer mehr Erfahrungen bemüht, stetig untersuchend, befragend, sich Notizen machend, um sein Wissen zu erweitern. Er kopiert Bücher, lernt Fremdsprachen, führt penibel Buch über alles, was er sieht, wie auch seine Ausgaben. Diese Eigenschaft sollte ihn bis in seinen Tod begleiten. Zudem wird Yoshida Shōin auf seinen Reisen zunehmend bewusst, dass kein Weg daran vorbei führt, ins Ausland zu reisen, um das Wissen und die Technologie der europäischen Mächte sowie der Vereinigten Staaten vor Ort intensiv studieren zu können. Auslandsreisen und allein schon deren Versuch sind aber im Japan dieser Zeit seitens des Shōgunats verboten.

Sein Wunsch wurde noch stärker, als er in Edo von vor Uraga, am Eingang zur Bucht von Edo bzw. Tokyo, liegenden amerikanischen Kriegsschiffen erfuhr und sich am 9. Juli auf den Weg dorthin machte. Es war die Flotte von Commodore Matthew C. Perry (1794 - 1858), welche dem Shōgunat die militärische Macht der Vereinigten Staaten demonstrieren sollte. Perry übergab den japanischen Beamten ein Ultimatum, dass er im kommenden Jahr wiederkommen und das japanische Reich gewaltsam dem freieren Außenhandel öffnen würde, sollte dieser Schritt nicht zuvor durch das Shōgunat erfolgen. Yoshida Shōin blieb sechs Tage in Uraga und trug seine Beobachtungen und Einschätzungen für seinen *Daimyō* in seiner Schrift *Ich wage es, meine persönliche Meinung vorzulegen* (*Masa ni Shigen Oyaban to su*) zusammen. In der damaligen Zeit und gesellschaftlichen Ordnung stellte dies in den Augen der fürstlichen Verwaltung eine ungeheuerliche Anmaßung dar. Trotz dieser Anklage und unter Nichtachtung eventueller Konsequenzen entwickelte er seine Meinung in drei folgenden Büchern weiter: *Aufsatz wie die unmittelbaren Aufgaben wahrzunehmen sind* (*Kyūmu Jōgi*), *Maßnahmen um den unmittelbaren Aufgaben zu begegnen* (*Kyūmu Saku*) und *Persönliche Meinung in Bezug auf die Außenbeziehungen* (*Setsui Shigi*). Yoshida Shōin war bewusst, dass seine bisherigen Kenntnisse, auf klassischer chinesischer Militärstrategie und wenigen übersetzten europäischen Büchern basierend, im Hinblick auf die amerikanische Bedrohung nicht ausreichen. Ende 1853 versuchte er daher gemeinsam mit Sakuma Shōzan auf ein russisches Schiff zu kommen, um ins Ausland mitgenommen zu werden und hier sein Wissen zu erweitern. Als sie hierfür allerdings Nagasaki erreichten, hatten die Schiffe unter dem Kommando Admiral Efimii Vasilievich Putiatins bereits 16 Tage zuvor abgelegt. Seine Reise hielt Yoshida Shōin im *Nagasaki-Reisebericht* (*Nagasaki Kikō*) fest. Über Kumamoto reiste er wieder zurück nach Hagi, das er am 13. Dezember erreichte und von dort er nach zwei Wochen Aufenthalt Richtung Suwa und Ōsaka aufbrach. Kyōto erreichte er Anfang Januar, traf sich hier unter anderem mit Umeda Umpin und folgte dem alten Reiseweg des Nakasendō nach Edo. Während seiner Reise entwickelte Yoshida Shōin ein Strategiepapier zur modernen Seekriegsführung und sandte es an seinen Fürsten.

Commodore Perry hatte bei Übergabe der Forderungen der Vereinigten Staaten an Japan seine Rückkehr für das Jahr 1854 angekündigt. Besessen von dem Wunsch, auf eines der amerikanischen Schiffe zu gelangen, reiste Yoshida Shōin zusammen mit seinem Freund Kaneko Shigesuke am 3. April von Edo nach Kanagawa und folgte von hier den fremden Schiffen an Land bis Shimoda. Unter dem Namen Kwa no Uchi Manji versuchte er am 25. April an Bord der sogenannten Schwarzen Schiffe (*kurofune*) zu gehen. Im Vergleich zu den japanischen Quellen sind die amerikanischen sehr detailliert, was die Ereignisse der kommenden Stunden angeht.

Beinahe täglich wurde eine Schwadron amerikanischer Marineeinheiten an der Küste abgesetzt, um diese und das angrenzende Inland zu erkunden. Bei einer dieser fielen den Amerikanern zwei Japaner auf, die ihrer Gruppe in Abstand folgten. Zuerst für Spione haltend, ignorierten sie diese, und erst, als den amerikanischen Offizieren auffiel, dass beide versuchten, in Kontakt mit ihnen zu kommen, suchten sie ebenfalls das Gespräch. Die Offiziere beschreiben, wie Francis L. Hawks in seinen *Narratives oft he Expedition of an American Squadron tot he Chinese Seas and Japan* wiedergibt, Kaneko Shigesuke und Yoshida Shōin als Männer von Rang, welche das Verhalten eines gehobenen Standes an den Tag legten und denen doch anzusehen war, das sie im Begriff sind, etwas Verbotenes zu tun. Sie legten großen Wert darauf, von keinem anderen Japaner bei diesem ersten Kontakt beobachtet zu werden. Beim Näherkommen hätten sie den Anschein gehabt, nach einer Uhrenkette eines Offiziers greifen zu wollen und dabei ein Schriftstück in dessen Jacke gesteckt und mit den Zeigefingern an ihren Lippen verdeutlicht zu schweigen. In dem Schriftstück beschreiben die beiden, teils in blumigen Worten, ihren Wunsch an Bord der amerikanischen Schiffe ins Ausland zu kommen, um jene Welt, die sie nur aus Büchern und vom Hörensagen kennen, persönlich zu bereisen und kennenzulernen. Zudem weisen sie darauf hin, dass bereits dieser Versuch außer Landes zu gelangen strafbar ist. Eine beigefügte Notiz bittet darum, sich in der folgenden Nacht mit den Offizieren treffen zu können, um mit auf die Schiffe genommen zu werden. Gegen zwei Uhr in der folgenden Nacht bemerkt die Bordwache der *Missouri* ein längsseits gehendes Boot und Yoshida Shōin bat mit einer kurzen schriftlichen Notiz in einfachem Englisch an Bord gehen zu dürfen. Die Wache verwies die beiden an das Flaggschiff, wohin Kaneko Shigesuke und Yoshida Shōin nur mit Mühe in ihrem kleinen Boot gelangten. Sie wurden dort an Bord gelassen und Commodore Perry bot den beiden durch einen Übersetzer die Gelegenheit eines Gesprächs. Obwohl ihre Kleidung durch die Reise mitgenommen war, sie bei der Überfahrt ihre Schwerter verloren hatten, hinterließen sie einen guten Eindruck bei dem amerikanischen Kommandeur. Allerdings wies Commodore Perry, wohl auch in Hinblick auf seine laufenden Verhandlungen mit dem Shōgunat, das Anliegen von Kaneko Shigesuke und Yoshida Shōin mit dem Hinweis ab, dass hierzu die Einwilligung der japanischen Behörden notwendig sei. Alle Argumentation der beiden schlug fehl und sie wurden mit einem amerikanischen Beiboot, da ihr eigenes abgetrieben war, zurück an Land gebracht, wo sie kurz darauf von örtlichen Behörden festgesetzt worden sind. Jedenfalls fielen sie, in einem kleinen Käfig gefangen gesetzt, wenige Tage später einem amerikanischen Offizier bei seiner Landexkursion auf.

Am 2. Mai wurden Kaneko Shigesuke und Yoshida Shōin in das Gefängnis Denmachō in Edo überstellt. Am 9. Oktober wurden sie auf Anordnung des Shōgunats von Denmachō in die Residenz ihres Fürsten in Azabu, einem Ortsteil von Edo, überstellt, wo beide unter Hausarrest gestellt wurden. Kurz darauf erfolgte für beide die Deportation zurück nach Hagi, wo sie am 14. Dezember eintrafen. Während Kaneko im Gefängnis von Iwakura festgesetzt wurde, wo dieser März 1855 verstarb, kam Yoshida Shōin nach Noyama.

Die Zeit seiner Haft in Noyama und die des darauf folgenden Hausarrests war wohl die produktivste seiner Laufbahn. Jetzt entstanden zahlreiche Schriften[13] und zudem begann Yoshida Shōin

---

[13] *Die Meinung des 21-Mal-kühnen-Samurai (Nijū Ikkai Mōshi Setsu), Aufzeichnungen aus der Gefangenschaft (Yūshu Roku), Aufzeichnungen von Vergangenem (Kaiko Roku), Manuskript aus dem Noyama-Gefängnis (Noyamagoku Bunkō), Verschiedene Schriften aus Noyama (Noyama Zattcho), Haikai Gedichte aus der*

nach seiner Überstellung in den Hausarrest in das Haus seines Vaters Sugi am 22. Januar 1856, entgegen des Kontaktverbotes mit der Außenwelt, wieder damit, Schüler seines Onkels Kubo Gorozaemon zu unterrichten und mit ihnen die Doktrin *sonno jōi* (*Verehrt den Kaiser, vertreibt die Barbaren*) zu diskutieren. Die Zahl seiner Schüler stieg bis Ende 1857 auf 20, so dass er Dezember 1857, nachdem Yoshida Shōin mit Erlaubnis des *Daimyō* die Schulleitung übernommen hatte, mit seiner Schule *Shōka Sonjuku* in ein kleines Haus auf dem Anwesen der Sugi zog. Auch wenn die *Shōka Sonjuku* nicht länger als zweieinhalb Jahre existierte, beeinflusste sie sehr stark die führenden Köpfe der kommenden Meiji-Restauration 1868, wie beispielsweise Ito Hirobumi (1841 – 1909), langjähriger Premierminister und Vater der japanischen Verfassung, die späteren Staatsräte Kido Kōin und Maebara Issei, oder den Premierminister Yamagata Aritomo.

Schon bald, im folgenden Jahr, ergab sich für Yoshida Shōin wieder die Gelegenheit, auch politisch Gehör zu erhalten. Seine *Shōka Sonjuku* war mittlerweile bekannt und ein aufkeimender Konflikt mit der fürstlichen *Meirinkan* konnte abgewendet werden, was sicherlich nicht nur auf den unterschiedlichen Meinungen der Lehrkräfte beruhte, wie mit der damaligen Situation und der Bedrohung durch die USA umzugehen sei, sondern auch dem weiter wachsenden Zulauf an Schülern für die Shōka Sonjuku geschuldet war. Anfang 1858 schrieb Yoshida Shōin seine *Worte eines Narren* (*Kyōfu no Gen*), das im Laufe des Jahres von seinem Fürsten gelesen und an das Shōgunat in Edo weitergeleitet wurde, sowie zur Motivation seiner Schüler die *Untersuchung* (*Sakumon*).

Gefangenschaft (Gokuchū Haikai), Bibliographie (Shomotsu Mokuroku), Kompilation von Waka-Gedichten mit der Thematik Mond und Blumen (Shōgetsu Gasō), Trost einer unschuldig angeklagten Seele (Enkon Isō), Zusätzliche Kommentare zur Erklärung von Meng-Tse (Kōmō Yowa), Aufzeichnungen zu den Erläuterungen des Bukyō Zensho (Bukyō Zensho), Manuskript aus dem dunklen Zimmer des Hinoetatsu (Hinoetatsu Yūshitsu Bunkō) und das *Hinoetatsu-Tagebuch (Hinoetatsu Nikki), Manuskript aus dem dunklen Raum (Yūshitsu Bunkō), Yoshidas Kurzgeschichten (Yoshida Goryaku), Aufzeichnungen glücklicher Tage (Kichi Nichi Roku), Liste der im Gefängnis Noyama gelesenen Bücher (Noyama Goku Dokushoki), Der Umgang mit Feinden (Tōzoku Shimatsu)* und *Abriss der Geschichte fremder Länder (Gaiban Tsūryaku).*

Anlässlich des Eintreffens eines kaiserlichen Ediktes im Juni 1858 hielt Yoshida Shōin, obwohl sein Fürst Mōri zur Stellungnahme aufgefordert war, seine Meinung zur aktuellen politischen Lage im Essay *Eine Möglichkeit des Gegenangriffs* (*Taisaku Ichidō*) fest, womit er der fürstlichen Stellungnahme zuvorkam und dementsprechend dessen Gunst erneut verlor, und sandte es zusammen mit seiner Schrift *Dummes Essay* (*Guron*) zu seinem Freund Yanagawa, der es dem *Tennō* vorlegte. Mehr und mehr sorgte sich Yoshida Shōin um die Lage des Landes und begann unter anderem [14] mit dem Verfassen seiner *Abhandlung zu strategischen Maßnahmen* (*Ronsaku Bōgi*) und seine *Argumente zur Küstenverteidigung in Hyōgo* (*Hyōgo Kaibō no ji wo Gisu*), welche beide den Vertretern des Mōri *Daimyō* übergeben wurden. Zu seiner freudigen Überraschung erhielt er die Erlaubnis zu unterrichten und somit das Ende seines Hausarrestes. Dieses zwiespältige Verhältnis des *Daimyō* zu seinem aufsässigen Untertanen durchzieht das Leben von Yoshida Shōin bis zu dessen Ende. So sollte auch jetzt die Freude des Fürsten Mōri über seinen berühmten Untertanen und seine Schule nur kurz währen.

Anlässlich Ii Naosukes, später allerdings nicht umgesetzten, Plan, den Kaiser nach Edo an den Sitz des Shōgunats einzuladen, sprach sich Yoshida Shōin öffentlich dafür aus, 1000 Samurai zu den Waffen zu rufen und für alle Eventualitäten bereit zu halten. Zudem ließ er die Schüler der *Shōka Sonjuku* zusammen mit 26 Männern aus dem Dorf Heta in Suwa in der Umgebung von Hagi Manöver abhalten und an Artillerie ausbilden. Am 16. Oktober schickte er einen Brief an Matsuura Shōdō nach Edo, in dem er ein Attentat auf Mizuno anordnete, und am 2. November verfasste er seine *Abhandlung über die gegenwärtige Situation* (*Jiseiron*), in der Yoshida Shōin die Notwendigkeit eines kaiserlichen Ediktes disputierte, alle Samurai zu den Waffen zu rufen und Gegenmaßnahmen gegen eine feindliche Invasion zu ergreifen. In den folgenden Tagen schrieb er dem Fürsten von Ōhara, nach Nagato zu kommen, erließ Instruktionen zur Stürmung des Gefängnisses von Fushimi, bereitete mit 17

---

[14] Weitere Schriften des Jahres sind *Fortsetzung des dummen Essays* (*Zoku Guron*), *Disputation der Großen Gerechtigkeit* (*Taigi wo Gisu*) und sein *Abriss der gegenwärtigen Justiz* (*Jigi Ryakuron*).

Anhängern ein Attentat auf Manobe Norikatsu (1802 – 1884) vor und riet in seinen *Vorschläge in Bezug auf den Bericht des Fürsten an das Bakufu im Jahr Tsuchinotohitsuji* (*Tsuchinotohitsuji Gosanpugi*) [15] seinem Fürsten Mōri seine Reise nach Edo ausfallen zu lassen. Zuvor hatte er die Verwaltung des Lehens um Unterstützung gebeten. Gegen Ende des Jahres waren die Attentatsvorbereitungen weitgehend abgeschlossen und der Aufbruch nach Kyoto stand im Raum.

So zwang er den *Daimyō* von Chōshū und die Verwaltung des Lehens zum Handeln, sollten diese nicht offen gegen das Shōgunat zu opponieren wollen. Am 3. Januar 1859 wurde Yoshida Shōin verhaftet und wegen seiner Verschwörung gegen Manobe wieder unter Hausarrest gestellt. Sechs Tage später inhaftiert, worauf acht seiner Schüler, darunter Irie, Nomura und Shinagawa, sich an die Obrigkeit wandten, um diese zum Umdenken zu bewegen, und gleichfalls unter Hausarrest gestellt wurden. Aufgrund einer Erkrankung seines Vaters wurde es Yoshida Shōin erlaubt, für wenige Tage auf das Anwesen seiner Familie zurückzukehren.

Als am 18. Februar 1859 Ōtaka Matajirō aus der Provinz Harima und Hirashima Takejirō aus der Provinz Bichū in Hagi eintrafen, um hier nach Unterstützung für ihre, allerdings nie umgesetzte, Yōgasaku-Verschwörung zu suchen, riet Yoshida Shōin seinen Schülern, sich den Verschwörern anzuschließen und entsandte den gerade aus dem Hausarrest entlassenen Nomura zur Unterstützung hinter den beiden nach Kyoto hinterher. Ziel der Verschwörung war, den *Daimyō* davon zu überzeugen, den *Tennō* in Kyoto aufzusuchen und zu unterstützen, anstelle nach Edo zu ziehen. Dieser zog allerdings am 8. April wie geplant mit seinem Gefolge in die Hauptstadt des Shōgunats.

In Hagi traf aus Edo am 21. Mai der Befehl des Shōgunats ein, dass Yoshida Shōin nach Edo zu überstellen sei. Am 24. Juni durfte

---

[15] Zudem verfasste Yoshida in diesem Jahr sein *Yūshutsubunkō*, seine *Notizen von meinem Kerkerfenster* (*Yūsō Zuihitsu*), seine *Vier Punkte kaiserlicher Notwendigkeiten* (*Kyūmu Shijō*), sein *Diskurs über westliche Infanterie* (*Seiyō Hoheiron*), sein *Manuskript mit Shōins Gedichten* (*Shōin Shikō*) und die *Liste der Schüler, die ihre Essen in der Shōka Sonjuku einnahmen* (*Shōka Sonjuku Shokuji Jimmei Hikae*).

er noch einmal seine Eltern zum Abschied aufsuchen, bevor er am folgenden Tag nach Edo deportiert wurde. Zeitgleich wurden sein Vater Sugi Yonosuke und sein Bruder Umetarō ihrer Posten enthoben und unter Hausarrest gestellt. Yoshida Shōin traf am 23. Juli in der Residenz seines Fürsten im Stadtteil Sakurada ein, wo auch seine Vorverhandlung stattfand. Hierauf wurde er in das Shōgunatsgefängnis nach Denmachō verlegt, wo er zwei weitere Male, am 30. September und 31. Oktober befragt wurde. Am 19. und 20. November schrieb er seinen Abschiedsbrief, bevor er einen Tag später sein Todesurteil entgegennahm und gegen 10 Uhr oder 12 Uhr, hier weichen die Angaben voneinander ab, hingerichtet worden ist.

Seinen Leichnam nahmen Odera Shinnojō, Iida Seihaku, Katsura Kogorō und Ito Tochisuke entgegen und bestatten Yoshida Shōin auf dem Ekōin-Friedhof in Kozukabara. 1863 wurde sein Leichnam nach Hagi überführt und auf dem Segaya-Friedhof beigesetzt. 1932 wurde hier am Ort seines Wirkens ihm zu Ehren der Yoshida-Schrein (*Yoshida Jinja*) erreichtet.

Yoshida Shōins letzte Schriften 1859 waren unter anderem sein *Lied über den Geist der Rechtschaffenheit* (*Seiki no Uta*), seine *Hoffnung eines Helden* (*Kōhoku*), sein *Gefängnistagebuch* (*Zagoku Nichiroku*), sein *Bericht zur Klarstellung* (*Shōgan Roku*), sein *Kommentar der Schrift des Sun-tsu* (*Sonshi Hyōchū*), seine *Sammlung eines Gefangenen in Ketten* (*Bakugoshū*), seine *Sammlung eines Kieferbaumes voller Tränen* (*Ruishō-shū*) sowie die vorliegenden *Aufzeichnungen eines innehaltenden Herzens* (*Ryūkon Roku*).

Dieses Büchlein kann nur einen kleinen Einblick in das Leben und die Werke von Yoshida Shōin geben. Für interessierte Leser, welche sich vertieft mit diesem Vordenker der Meiji-Restauration 1868 und der Entstehung des modernen Japans auseinandersetzen möchten, seien die sehr detaillierten Monographien von Coaldrake[16], Craig[17] und van Straelen[18] empfohlen.

---

[16] Coaldrake, Maida S.: *Yoshida Shōin (1830-1859) and the Shōka Sonjuku*; University of Tasmania, 1985.

[17] Craig, Albert M.: *Chōshū in the Meiji-Restauration*; Harvard University Press, 1961.

Zuletzt noch ein paar Worte zur vorliegenden Übersetzung des *Ryūkonroku*. Es gibt verschiedene, lediglich leicht voneinander abweichende, japanische Ausgaben des Werkes. Dieser Übersetzung zugrunde liegt eine Ausgabe von Konno Daisuke[19], welcher zudem eine Übersetzung ins Englische vorgelegt hat. Im Mittelpunkt der vorliegenden Übertragung ins Deutsche stand kein sprachwissenschaftlicher Ansatz mit dem Ziel einer satzbaugetreuen Wiedergabe, sondern das Anliegen, zwar eine weitgehend wortgetreue, aber doch vor allem lesbare Übersetzung vorzulegen. Inhalt und Kontext stehen im Folgenden über grammatikalischer Feinheit.

Wolf Hannes Kalden

---

[18] Straelen, H. van: *Yoshida Shōin. Forerunner of the Meiji-Restauration. A biographical study*; Leiden, 1951.

[19] Yoshida, Shōin / Konno, Daisuke: *Eikanyaku „Ryūkonroku"*; Kinseisha, 2003.

Ryūkonroku
Aufzeichnungen eines innehaltenden Herzens

Selbst wenn mein Körper auf der Ebene von Musashino[20]
verfault,
möge mein japanische Seele[21] für immer in Japan bleiben.

25. 10. 1859
Nijū Ikka Mōshi [22]

---

[20] Die Ebene liegt im Kantō-Gebiet zwischen den Flüssen Tama und Arakawa, westlich von Tokyo.

[21] *Yamato damashii* lässt sich als Geist (i. S. von *anima*) Japans beziehungsweise als das den japanischen Charakter ausmachende Wesen bezeichnen. Der Begriff wird im Shintō als auch im japanischen Nationalismus verwendet.

[22] Nijū-ikkai-mōshi ließe sich wörtlich als „21mal-kühner-Samurai" übersetzen. In der englischen Literatur hat sich als Übersetzung die Phrase „*A Samurai of undying loyalty*" etabliert.

Kapitel 1

Seit dem letzten Jahr gingen mir die unterschiedlichsten und unzählbaren Gedanken durch den Kopf. Unter meinen Kameraden ist es allgemein bekannt, dass ich am liebsten so sein würde wie insbesondere Kankō[23] aus Zhao[24] oder Kutsugen[25] aus Chu[26]. Daher verfasste Sugizō Irie[27], sobald er von meiner bevorstehenden Überführung nach Edo[28] erfuhr, ein Abschiedsgedicht für mich, das er mir nachsandte, um mir bewusst zu machen, dass, obwohl es so viele exzellente Persönlichkeiten in den Zeiten der Yan[29] und Zhao Periode gegeben hat, einzig Kankou im wahrsten Sinne des Wortes herausragend war und nur Kutsugen sich über die Zukunft von Jin[30] und Chu aus tiefstem Herzen sorgte.

Aber seit ich am 14. 5. 1859 wusste, dass ich nach Edo gebracht und zum Tode verurteilt werde, habe ich sorgfältig einzig über das

---

[23] Kankō ist der Minister Guan Gao des chinesischen Reiches Zhao. Sein König Zhang Ao wurde vom ersten Kaiser der Han-Dynastie beleidigt, worauf er anbot, diesen zu ermorden. Hierauf wurde er verhaftet und nahm sich im Gefängnis das Leben. Zu spät hatte sein König verstanden, dass das Angebot aus der Treue von Guan Gao ihm gegenüber herrührte.

[24] Zhao war ein Staat des chinesischen Altertums, der 228 v. Chr. von den Qin, die schließlich China in einem Reich einigten, annektiert worden ist.

[25] Kutsugen wird mit dem chinesischen Poeten Qu Yuan (340 - 278 v. Chr.) assoziiert, welcher als erster historisch fassbarer chinesischer Dichter gilt. Aufgrund seiner politischen Meinung soll er seines Amtes enthoben worden sein und sich später im Exil ertränkt haben.

[26] Chu war ein Staat im heutigen Südchina von 1046 bis 221 v. Chr. Bekannt ist die Region auch unter der Bezeichnung Jing.

[27] Sugizō Irie war ein Schüler der Shōka Sonjuku unter Yoshida Shōin.

[28] Das heutige Tokyo. Von 1333 bis 1868 Regierungssitz des Kamakura-Shōgunats.

[29] Yan war ein Staat in der Region des heutigen Heibei und um Peking. 222 v. Chr. wurde Yan von den Qin annektiert.

[30] Das Reich Jin existierte vom 11. Jahrhundert bis 403 v. Chr. auf dem Gebiet der heutigen Region Shanxi.

Wort *makoto*[31] nachgedacht. Dann zeigte mir[32] Sugizō Irie zu dieser Zeit zufällig das Wort *Tod* und versuchte, mich davon zu überzeugen, mich auf meinen Tod vorzubereiten. Ich hatte aber entschieden, nicht an meinen bevorstehenden Tod zu denken. Vielmehr schrieb ich ein paar von Mengzi[33] verfasste Zeilen auf ein Stück weißer Baumwolle nieder. Es gab wohl niemanden, der hierdurch nicht vom Gefühl der Aufrichtigkeit dahinter bewegt wurde. Dies nahm ich mit nach Edo und übergab es den Beamten des *Bakufu*[34] zum Ausdruck meiner Entschlossenheit.

Die Veränderung in der Situation im letzten Jahr sehend[35], erlaube ich mir mit gebührendem Respekt zu sagen, dass es zu meinem Bedauern scheint, dass der kaiserliche Hof und das Tokugawa-Shōgunat darin versagt haben, sich gegenseitig ihre Aufrichtigkeit zu versichern. Ich habe entschieden, dass wenn meine Aufrichtigkeit im Erreichen meiner hohen Ideale von einem unwichtigen *Bakufu*-Beamten verstanden wird, selbst wenn es als Lappalie von ihnen eingestuft wird, so würden sie doch meine Ideale anhören.

Allerdings, wie sprichwörtlich auch ein kleines Insekt wie eine Mücke oder eine Bremse keine Berge auf seinem Rücken tragen

---

[31] Das japanische *makoto* lässt sich mit Aufrichtigkeit, Wahrhaftigkeit oder Echtheit übersetzen, aber auch mit Zuverlässigkeit.

[32] Im Sinne von einer Kalligraphie zeigen.

[33] Mengzi (Mencius) lebte ungefähr von 370 - 290 v. Chr. und gilt als einer der bedeutendsten Nachfolger von Konfuzius. Er entwickelte dessen philosophischen Ideen weiter und begründete die darin liegende Staatsphilosophie. Im Gegensatz zu seinem Lehrer räumt er den Menschen ein, gegen einen ungerechten Herrscher auch rebellieren zu dürfen.

[34] *Bakufu* (Zeltregierung i. S. von Militärregierung) ist eine zeitgenössische Bezeichnung des Shōgunats in Edo,

[35] Yoshida Shōin spricht hier den Japanisch-Amerikanischen Freundschafts- und Handelsvertrag vom 29. Juli 1858 an, der fünf japanische Häfen für amerikanische Schiffe öffnete. Amerikaner durften sich dort niederlassen und Handel treiben bei Einräumung deren Extraterritorialität. Zudem begannen 1858 die sogenannten *Ansei*-Säuberungen, in deren Umsetzung der *Tairō* (Regent) des *Shōgun* Ii Naosuke (1815-1860) seine politischen Gegner in anderen *Han* (Lehen), am Kaiserhof und in der Familie des Shōgun ausschaltete. Yoshida Shōin, der 1858 gegen das Shōgunat agierte, wurde zu dieser Zeit gefangen gesetzt.

kann, so bin ich am Ende unter dem Berg des *Bakufu* zerdrückt worden, und unbedeutende Shōgunats-Beamte schoben meine Ideale auf die lange Bank.

Nach allem, so ich mich jetzt in dieser Situation finde, habe ich meinen Teil nicht gut erfüllt. Dies mag vielleicht an mangelnder Diskretion liegen. Dafür gebe ich weder jemandem die Schuld noch hege ich Hass gegen irgendjemanden.

Kapitel 2

Am 9. 7. 1859 bin ich erstmals vor die Kommission[36] gerufen worden. Die drei teilnehmenden Beamten befragten mich insbesondere zu den folgenden beiden Punkten: Mein Treffen mit Umeda Genjirō[37], als er das Lehen Chōshū[38] besuchte, und einen Brief, der vorsätzlich im Palast fallengelassen worden ist. Hinsichtlich des ersten Punktes betrachteten sie das Treffen als konspirativ und

---

[36] Das *Hyōjōsho* war eine 1225 eingerichtete juristische Ratsversammlung. Während der Tokugawa-Zeit (1600 - 1868) bestand die Versammlung aus *Rōju*, den höchsten Beamten des Shōgunats, und *Bugyō*, welche sich als Magistratsbeamte erklären lassen. Charakteristisch für die Versammlung war, dass der eigentliche Schwerpunkt der Mitglieder außerhalb der Ratsversammlung lag.

[37] Umeda Umpin (1815 - 1859) war ein Samurai aus Obama, das in der heutigen Präfektur Fukui liegt, und eine zentrale Figur der *Sonno-Joi*-Bewegung, welche die Macht des Kaisers stützen und die Ausländer aus Japan fernhalten wollte. Auch er wurde im Rahmen der *Ansei*-Säuberungen verhaftet, erkrankte in Gefangenschaft und verstarb.

[38] Das Lehen Chōshū entsprach den historischen Regionen Nagato und Suo, bzw. der modernen Präfektur Yamaguchi im Südwesten Japans. Seit der Schlacht von Sekigahara 1600, in der die Tokugawa sich durchsetzten und das gleichnamige Shōgunat in Edo begründeten, wurde das Lehen vom Haus Mōri beherrscht, welche eher ablehnend der Zentralregierung gegenüberstanden. Mitte des 19. Jahrhunderts war Chōshū die treibende Kraft neben Satsuma zur Schwächung des Shōgunats und der Meiji-Restauration. Dabei waren die Mōri einer der ersten Fürstenhäuser, die ihre Besitzungen an die neue Regierung unter dem Kaiser abgaben. Interessanterweise kommen bis heute überdurchschnittlich viele Politiker und auch japanische Premierminister aus dieser Region.

verlangten daher, dass ich den Inhalt des Gesprächs offenlege. Beim zweiten Punkt erzählten mir die Beamten, dass sowohl Umeda Genjirō als auch andere Personen ausgesagt hätten, dass die Handschrift auf dem Brief wie meine aussehen würde, und fragten daher, ob ich der Schreiber gewesen sei.

Da ich Umeda für einen wirklich gerissenen Menschen halte, wäre er der letzte, demgegenüber ich offen meine Gedanken darlege. Dementsprechend liegt es außerhalb des Bereichs des Möglichen, dass ich ein konspiratives Treffen mit ihm abhalte. Jeden Tag lebe ich meinen Prinzipien folgend, denn das ist ein ehrenvolles Verhalten. Ich habe niemals eine so verhüllte, sprachliche Tat begangen, wie absichtlich einen Brief fallenzulassen.

Nachdem ich diese beiden Punkt klargestellt habe, streifte ich kurz meine schwierigen Erlebnisse, als ich für sechs Jahre unter Hausarrest stand, und bekannte zuletzt offen meinen Plan, *Daimyō*[39] Manabe Akikatsu[40] einen Hinterhalt zu legen, nachdem der Hofadlige Ōhara Shigenori[41] nach Chōshū eingeladen wurde. Am Ende

---

[39] *Daimyō*, im Deutschen of als Fürst übersetzt, ist ein Rang der Samurai, welcher formal dem Shōgunat untersteht und gleichfalls wieder Vasallen hat. Diese Vasallen wurden allerdings weniger mit Land, wie im europäischen System, sondern in Reis belehnt. Um die Macht der *Daimyō* zu kontrollieren, insbesondere derjenigen, welche 1600 dem Shōgunat feindlich gegenüberstanden, wurden sie einerseits mit Infrastrukturmaßnahmen beauftragt, die oftmals weit abseits ihrer eigenen Lehen lagen, wobei Material und Arbeitskräfte dorthin gesandt werden mussten, andererseits waren sie aufgefordert, die Hälfte des Jahres, mit den damit verbundenen hohen Haushaltskosten, in Edo zu verweilen. Bei Abwesenheit blieben Teile ihrer Familien als Geiseln in Edo zurück.

[40] Manabe Akikatsu (1804 - 1884) war *Daimyō* des Lehens Sabae, welches zur heutigen Präfektur Fukui gehört. Er hatte innerhalb des Tokugawa-Shōgunats verschiedene wichtige und zentrale Posten inne, wie den des *Rōju*, vergleichbar mit einem heutigen Minister, nur das die Aufgaben regelmäßig zwischen den Inhabern dieser Position rotierten. Zuständig waren die *Rōju* u.a. für die Beaufsichtigung des Kaiserhofes, der *Daimyō* und Tempel sowie Schreine, den Landbesitz der Tokugawa, die Münze sowie die öffentliche Versorgung.

[41] Das von Minamoto Masanobu (920 - 973) abstammende Haus Ōhara gehörte dem Hofadel in Kyoto an. Ōhara Shigenori war Mitte des 19. Jahrhunderts kaiserlicher Gesandter.

bin ich wegen meines Geständnisses bezüglich des geplanten Hinterhalts eingesperrt worden.

Kapitel 3

Ich bin ein jähzorniger Mensch. Folglich würde ich, wenn ich beleidigt werde, meinen Zorn sofort zeigen. Da ich mir aber dieser Charaktereigenschaft bewusst bin, bemühe ich mich dem Zeitgeist soweit wie möglich zu folgen und mich den Gefühlen der Menschen anzupassen.

Mit der gleichen Eigenschaft bin ich auch mit den Vertretern des Shōgunats zurechtgekommen. Das heißt, nachdem ich den Standpunkt des Shōgunats, sich gegen die Intention des kaiserlichen Hofes zu stellen, resultierend aus einer unvermeidbaren Situation, erkannt habe, kämpfte ich damit, wie ich mit den Maßnahmen des Shōgunats zurechtkommen könnte. Ich wollte die Shōgunatsbeamten von meiner Philosophie, welche ich immer vertrete, überzeugen und auch von den Inhalten des von mir geschriebenen *Taisaku ichidō*[42]. Obgleich mir die Vertreter des Shōgunats keine Beleidigungen entgegenschleuderten, sagten sie jedoch augenblicklich, dass sie nicht dächten, alle meine Äußerungen seien komplett richtig. Es sei empörend, dass eine Person von so niedrigem Status wie ich, die wichtigen Staatsangelegenheiten diskutiere. Ich habe dieser Anklage nicht wirklich stark widersprochen, sondern nur gesagt, dass wenn dies zur Bestrafung führe, ich es nicht vermeiden könne.

Die Gesetze des Shōgunats verbieten es der einfachen Bevölkerung, sich um die Zukunft unseres Landes zu sorgen. Ich habe niemals darüber gesprochen oder argumentiert, ob die einfache Bevölkerung sich um die Zukunft des Landes sorgen solle oder nicht.

---

[42] *Taisaku Ichidō* (*Ein Weg der Maßnahmen*)

Ich hörte, Kusakabe Isōji[43] aus dem Lehen Satsuma[44] habe bei seinem Verhör die Schwachstellen der derzeitigen Shōgunatsverwaltung gründlich dargelegt und geäußert, dass ausgehend von der jetzigen Situation des Staates, der Friede innerhalb des Shōgunats nur noch drei bis fünf Jahre halten würde. Eine Aussage, welche die Staatsdiener erzürnte. Was aber noch mehr überrascht, Kusakabe sagte gelassen, dass, selbst wenn er wegen dieser Aussage zum Tode verurteilt werde, er es nicht bereue. Ich kann mich bei weitem nicht mit seinem festen Herzen vergleichen. Vielleicht ist das der Grund, warum mich Sugizō Irie zu überzeugen versuchte, mich auf meinen Tod vorzubereiten.

Es wird gesagt, Dan Shūjitsu[45]aus der Tang-Zeit habe Kakugi[46] mit tiefem Vertrauen behandelt und Shusei[47] mit Gewalt versucht,

---

[43] Auch Kusakabe Isōji (1814 - 1858) war einer der wichtigsten Vertreter der *Sonno-Joi*-Bewegung. Er verstarb in seiner Gefangenschaft an einer Krankheit.

[44] Das Lehen Satsuma umfasste etwas mehr als die alten Regionen Satsuma sowie Ōsumi, und entspricht in etwa der heutigen Präfektur Kagoshima. Das dort herrschende Haus Shimazu verfügte auch während der Tokugawa-Zeit über enorme militärische und wirtschaftliche Ressourcen. Über die von Satsuma 1609 unterworfenen Ryūkyū-Inseln, welche gleichzeitig weiterhin China tributpflichtig blieben, erhielt das Lehen im Gegensatz zur für ganz Japan geltenden Abschottungspolitik des Shōgunats Zugang zu Waren und Informationen aus China und Südostasien. Insbesondere der von moderner, westlicher Technik begeisterte *Daimyō* Shimazu Nariakira (1809 - 1858) begann 1851 moderne Werften zu bauen und auch das Studium westlicher Wissensgebiete zu forcieren. Er erwarb das erste Gerät für Daguerreotypie in Japan.

[45] Duan Xiushi (719 - 783), auch bekannt als Prinz Zhonglie aus Zhangye, war ein General der Tang-Dynastie in China. Als während des Aufstandes von General Zhu Ci Kaiser Dezong aus der Hauptstadt Shang'an fliehen musste, versuchte Duan ein Attentat auf Zhu Ci zu verüben, bei dem er umkam.

[46] Guo Xi (gestorben 794), Sohn des Generals Guo Ziyi (697 - 781), soll sich gewalttätig gegenüber der Bevölkerung verhalten haben, welche ihn vor den Grausamkeiten seines Vaters versteckt hatte. Duan Xiushi soll Guo Xi schwer getadelt haben, ihn aber so von seinem moralisch verwerflichen Verhalten abgebracht haben. Als Duan zur Teilnahme an der Rebellion von Zhu Ci (742 - 784) überredet werden sollte, widerstand er der Versuchung und kam schließlich um.

[47] Zhu Ci (742 - 185) schwang sich in seiner Rebellion zum Kaiser auf, musste aber 784 aus Shang'an fliehen und wurde von seinen Begleitern enthauptet, welche sich danach der Tang-Dynastie ergaben.

sie zu überzeugen. Helden sollten immer ein der Zeit und den Umständen angemessenes Maß einhalten. Es ist für mich in der jetzigen Situation extrem wichtig, alles was ich tue, mit einem reinen Gewissen zu tun. Es ist aber genauso wichtig, seine Gegner zu kennen und auch die erste Gelegenheit, welche sich bietet, zu ergreifen, umzusetzen, woran man glaubt. Erst nachdem ich im Sarge liege, wird die Zeit sagen, ob meine Art zu leben richtig war oder nicht.

Kapitel 4

Die von der Kommission erstellte schriftliche Stellungnahme war sehr kurz gehalten. Am 9. 7. habe ich kurz erklärt, was ich getan habe. Danach bin ich, als ich jeweils am 5. 9. und 5. 10. vorgeladen wurde, nicht mehr so intensiv befragt worden. Am 16. Tag des zehnten Monats forderte mich ein Beamter auf, meine Unterschrift unter eine schriftliche Stellungnahme zu setzen, direkt nachdem diese laut verlesen wurde.

In der schriftlichen Stellungnahme waren weder Aufzeichnungen über mein, mit großem Aufwand betriebenes, Treffen mit der amerikanischen Gesandtschaft[48] enthalten, noch mein großartiger Plan mit dieser Schiffsreise. Lediglich die Öffnung der Häfen wurde der Form halber in einigen Teilen erwähnt. Zudem wurde eine

---

[48] Durch seine militärische Machtdemonstration 1853 in der Bucht von Edo und seine Rückkehr 1854 erzwang der amerikanische Commodore Matthew Perry (1794 - 1858) die Öffnung japanischer Häfen für Amerikaner. Der zugrunde liegende Vertrag von Kanagawa stand im direkten Widerspruch zu vorherigen Direktiven des Shōgunats, u. a. von 1825, welche eine Verteidigung der Inseln gegen eine gewaltsame Öffnung den einzelnen Lehen vorgaben. Einerseits von diesem politischen Wechsel enttäuscht, andererseits einsehend, dass eine Verteidigung gegen diese ausländischen Militärmächte nur möglich ist, wenn die dazugehörende Technologie erforscht wird, plante Yoshida Shōin zusammen mit seinem Lehrer Sakuma Shōzan (1811 - 1864), dem damaligen Experten für ausländische Militärtechnologie, an Bord des Geschwaders zu kommen, um von Perry nach Amerika mitgenommen zu werden. Perry lehnte ab, woraufhin Yoshida Shōin gefangen genommen und unter Hausarrest gestellt wurde.

absurde Theorie dargelegt, wie sich die ausländischen Schiffe vertreiben lassen, sobald aufgerüstet ist, welche weitab von meinen eigenen Vorstellungen liegt.

Nachdem ich einsah, dass mit Widerstand gegen die Beamten des Shōgunats nichts zu erreichen war, entschloss ich mich, Ihnen nicht aktiv zu widersetzen. Allerdings war ich sehr unzufrieden. Die Art dieser schriftlichen Stellungnahme war weit entfernt von der, als ich 1854 insbesondere unter dem Verdacht verhaftet worden bin, als blinder Passagier mit dem Geschwader von Perry nach Amerika reisen zu wollen.

Kapitel 5

Am 9. Tag des siebenten Monats erwähnte ich kurz die Einladung des Hofadeligen Ōhara Shigenori in das Chōshū-Lehen und den Versuch, Manabe Akikatsu einen Hinterhalt zu legen. Ich tat dies, da ich davon ausging, das Shōgunate habe unser Vorhaben entdeckt und wisse hierüber, so dass ich dachte, es würde mich in eine bessere Situation bringen, wenn ich von mir aus offen hierüber spreche und das Vorhaben aufdecke. Dementsprechend gestand ich detailliert, musste aber feststellen, dass das Shōgunat hierüber nichts wusste.

Später reflektierte ich, dass mein Verhalten sie gerade hierauf geführt hat und dass ich freiwillig aufgedeckt habe, was das Shōgunat nicht wusste, und ich somit Unglück über viele Menschen brachte und Personen verletzte, welche mit meinem Vorhaben nichts zu tun hatten.

Deshalb berichtigte ich hinsichtlich des Vorhabens, Manabe Akikatsu einen Hinterhalt zu legen, mein Wort *Hinterhalt* in *Protest*. Aber auf alle Fälle hatte ich die Namen meiner Freunde, welche mich oft in Kyoto besuchen kamen, und auch meiner Kameraden, welche das Vorhaben, Manabe Akikatsu einen Hinterhalt zu legen, mit mir unterzeichnet hatten, nicht verraten. Dies ist Zeichen meiner Besorgnis, dass ich fürchte, diejenigen, welche planen etwas zu unternehmen, werden verhaftet. So wie ich es mir dachte, war nur ich es, der einen Schuldspruch durch das Shōgunat erhielt. So war ich erleichtert zu wissen, dass mein Geständnis keine Auswirkungen auf meine Kameraden hat.

Kapitel 6

Ich möchte gerne die Gelegenheit ergreifen, kurz auf den für Manabe Akikatsu geplanten Hinterhalt einzugehen. Ich habe den drei Beamten nicht erzählt, auch um meines Lebens willen, dass ich ihn töten und in seinem Schwert sterben wollte, falls Manabe Akikatsu meinen Protest nicht akzeptieren würde, und ich auch seine Wächter getötet hätte, wenn sie sich mir in den Weg gestellt hätten. Trotzdem wagten die drei Beamten aufzuschreiben, dass ich geplant hätte, ihm einen Hinterhalt zu legen, um ihn zu ermorden. Sie versuchten, mich ungerecht zu behandeln. Warum musste ich nur fälschlicherweise angeklagt werden? Ich werde fortfahren, mich auf meine Unschuld zu berufen.

Am 16. Tag des zehnten Monats diskutierte ich schließlich umfangreich den Bericht mit zwei Beamten, Ishitani und Ikeda, bevor ich die schriftliche Aussage unterzeichnete. Ich fühlte kein Widerstreben, mein Leben zu verlieren. Ich wollte mich nicht vor der Täuschung der beiden Magistrate, die sich hinter ihrem Amt verstecken, zu Boden werfen.

Ich erklärte dies detailliert den Vernehmungsbeamten bei den Befragungen vom 5. 9. und 5. 10. Ich insistierte, dass, obwohl ich gegenüber Manabe Akikatsu meinen Protest unter Lebensgefahr ausdrücken wollte, ich ihn nicht ermorden und in seinem Schwert sterben wollte. Trotz der Antwort des Vernehmungsbeamten, er habe mich gut verstanden, benutze er im schriftlichen Bericht das Wort *Hinterhalt*. Dies ist wahrlich eine Art von Unehrlichkeit, welche sich hinter dem Amt versteckt, oder nicht?

Aber die Dinge sind nun einmal so gelaufen. Ich befürchtete, dass wenn ich alles bis zum Schluss leugnete, meine Absicht eingeschlossen, Manabe Akikatsu und seine Wächter zu töten, die Magistrate und Vernehmungsbeamten würden meine brennende Leidenschaft, die ich meinem Land entgegenbringe, nicht erkennen. Alle meine Kameraden würden es bereuen und auch ich würde es für bereuenswert halten.

Dennoch erwog ich dies wiederholt, folgernd, dass für einen edeldenkenden Patriot, der kurz davor ist, für seine perfekte Tugend zu sterben, unsinnig ist, sich Gedanken darüber zu machen, welche Meinungsäußerung vorteilhaft ist. Ich fiel einem feindlichen Komplott zum Opfer und heute werde ich von dieser Macht getötet.

Da die Götter alles klar durchschauen, sollte ich meinen Tod nicht bedauern.

Kapitel 7

Ich habe weder einen Plan, um zu überleben, ausgearbeitet, noch bin ich davon ausgegangen, dass ich mit Sicherheit sterben würde. Ich zog es vor, meine Frage, ob die Menschen meine Aufrichtigkeit verstehen oder nicht, dem Schicksal zu überlassen.

Da ich mich bereits am 9. 7. weitgehend auf meinen Tod vorbereitet, verfasste ich folgendes Gedicht:

> General Yang Jisheng[49] empfing voller Stolz sein
> Todesurteil und so auch ich;
> Wer weiß es schon, jedoch erwartete Cang Cong[50] nicht,
> lebend zurückzukehren.

---

[49] Yang Jisheng (1516 - 1555) war ein chinesischer Beamter und Literat. Er denunzierte den berühmten General Qiuluan (gestorben 1562) mit einer Liste von Vergehen und klagte Yan Gao (1480 - 1567) wegen schwerer Verbrechen an. Daraufhin wurde Yang Jisheng ins Gefängnis gesteckt und exekutiert. Seine Leiche wurde in den Straßen aufgestellt. Am gleichen Tag nahm sich auch seine Frau ihr Leben.

[50] Cang Cong (geboren ca. 205 v. Chr.) war ein Mediziner während der frühen Han-Zeit. Während seines Medizinstudiums beging er ein Verbrechen und wurde zum Tode verurteilt. Als seine Tochter hiervon erfuhr, schrieb eine Petition an den Kaiser Wen, anstelle ihres Vaters bestraft zu werden. Kaiser Wen war tief beeindruckt und erließ Cang Cong die Todesstrafe.

Aber hiernach, insbesondere da die Verhöre am 5. 9. und 5. 10. generös verliefen, hegte ich eine hohe Erwartung, lebend zurückzukehren. Sie beruhte nicht darauf, dass ich nur widerwillig mein Leben verloren hätte, sondern es lag daran, wie sich folgende Affäre entwickelte.

Am Morgen des letzten Tages im vergangenen Jahr entschied der kaiserliche Hof, die Maßnahmen des Shōgunats zu bestätigen, d.h. die Ausschließung der Ausländer nach der Vollendung eines Bundes zwischen kaiserlichem Hof und Shōgunat auszuführen. Zudem reiste der *Daimyō*[51] des Chōshū-Lehens im Frühling am 5. 3. aus Hagi[52] in Übereinstimmung mit den Entscheidungen des kaiserlichen Hofes ab. Keine Möglichkeit offen habend, für das, was ich seit langer Zeit vorschlage, eintreten zu können, empfand ich ein starkes Verlangen nach dem Tod.

Somit kam ich, als Resultat, dass ich, seitdem ich Ende des 6. Monats nach Edo kam, sah, wie ausländische Länder an unser Land unakzeptable Forderungen stellen, und dass ich, seitdem ich am 9. 7. ins Gefängnis geworfen wurde, den Trend in den öffentlichen Angelegenheiten beobachtete, zu der Einsicht, dass ich etwas für die Zukunft Japans tun müsse. Erstmals in meinem Leben schlug der Lebenswille stark in meinem Herzen. Wenn ich so lange leben könnte, wie ich lebe, wird dieser noble Geist, der in meinem Herzen wallt, niemals verblassen.

Aber seit ich weiß, dass die drei Beamten beabsichtigen mich hinzurichten, da sie mich hintergingen und sich hinter ihren Ämtern verstecken, wie es die eidesstattliche Aussage vom 16. 10. zeigt, habe ich den Wunsch weiterzuleben gefasst aufgegeben. Dies ist vielleicht der Kraft gedankt, welche ich durch mein kontinuierliches Lernen erworben habe.

---

[51] Mōri Motonori (1869 - 1871). Das Haus Mōri stand traditionell dem Kaiserhof sehr nahe und besaß aus historischen Gründen als einziger *Daimyō* das Anrecht, direkt mit dem Kaiserhaus verhandeln zu können, ohne das Shōgunat hinzuziehen zu müssen.

[52] Hagi, am japanischen Meer gelegen, war der Regierungssitz des Lehens.

Kapitel 8

Vielleicht liegt es daran, dass ich in einer Welt lebe, in welcher sich die vier Jahreszeiten Frühling, Sommer, Herbst und Winter immerfort abwechseln, dass ich ruhig bleibe, jetzt im Angesicht meines bevorstehenden Todes.

Die Landwirtschaft als Beispiel nehmend, so bringen Bauern im Frühjahr ihre Sämereien aus, Pflänzlinge im Sommer, ernten sie im Herbst und lagern das Getreide im Winter ein. Im Herbst und im Winter brauen die Bauern Sake[53] und Mirin[54] in Dankbarkeit wegen der guten Ernte, und die Dörfer sind voller Festtagsstimmung. Ich habe nie davon gehört, dass Bauern Bedauern empfinden, wenn sie in der Erntezeit das Ende ihrer jährlichen Arbeit sehen.

Mit Anfang 30 stehe ich nun am Rande des Todes. Ich habe nichts zu einem Ende gebracht, ich bin vielleicht wie ein Reiskorn, das weder aufkeimte noch Ähren trug. Es scheint, als sollte ich dies bedauern. Soweit es mich anbelangt, stehe ich aber nun in Blüte und bin kurz davor, Frucht zu tragen.

Dies liegt daran, dass das menschliche Leben nicht fest vorgegeben ist. Im Gegensatz zur Landwirtschaft vergeht ein menschliches Leben unbekümmert von der Abfolge der Jahreszeiten. Dennoch sollte jeder Mensch seine vier Jahreszeiten haben.

Ein Mensch, welcher im Alter von zehn Jahren stirbt, sollte die ihm eigenen vier Jahreszeiten gehabt haben – selbstverständlich innerhalb seiner zehn Jahre. Ein Mensch, welcher im Alter von 20 Jahren stirbt, sollte naturgemäß seine vier Jahreszeiten innerhalb der 20 Jahre erhalten haben. Menschen, welche mit 30, 50 oder 100 Jahren sterben, sollten ihre eigenen jeweiligen vier Jahreszeiten innerhalb ihres Lebens erleben.

---

[53] Reiswein.
[54] Süßer Reiswein zum Kochen.

Zu denken, dass eine Lebenszeit von zehn Jahren zu kurz sei, ist wie einer Sommerzikade einem heiligen Baum missgönnen, der ein langes Leben genießt. Die Vorstellung dagegen, eine Lebenszeit von 100 Jahren sei zu lang ist wie ein heiliger Baum, welcher einer Sommerzikade ihr Leben missgönnt. Beide Vorstellungen sind uns nicht dienlich, unsere natürliche Lebenszeit zu leben.

Jetzt bin ich 30 Jahre alt und habe meine vier Jahreszeiten gelebt. Meine Blume sollte erblüht sein und sich bereits in etwas anderes verwandelt haben. Ich kann es nicht einschätzen, ob es nur läppische Spreu ist oder eine ausgewachsene Kastanie. Wenn dort nur ein Mensch ist, der Sympathie gegenüber meiner ergebenen Passion für mein Land empfindet und vorhat, meine Vorstellungen unter Gleichgesinnten zu verbreiten, wird meine aufopfernde Leidenschaft weiterleben, wie die Saat wächst und jedes Jahr gedeiht, ohne ausgelöscht zu werden.

Wenn dies so ist, wird das, was ich getan habe, vergolten werden. Kameraden! Gedenkt dies!

Kapitel 9

Ich habe Horie Yoshinosuke[55], einen Samurai aus dem Mito-Lehen[56], welcher im östlichen Teil dieses Gefängnisses einsitzt, nie persönlich kennengelernt. Trotzdem würde ich ihn im Unterschied zu einer bloßen Bekanntschaft als einen Freund bezeichnen und ich betrachte ihn als eine wirklich vertrauenswürdige Person. Er war so freundlich, mir folgende Nachricht zukommen zu lassen: „Vor nicht allzu langer Zeit geriet Yabe Shunshū[57] in die Gefangenschaft des Fürsten von Kuwana[58]

---

[55] Horie Yoshinosuke (1810 - 1871)
[56] Die *Daimyō* des Mito-Lehens (heutige Präfektur Ibaraki) mit der gleichnamigen Hauptstadt, die ca. 140 Km nordöstlich von Tokyo liegt, gehörten zur Familie der Tokugawa und waren bei Aussterben der Hauptlinie erbberechtigt, den *Shōgun* zu stellen.
[57] Yabe Suruga no kami (1789 - 1842) war Magistratsbeamter in Edo.

und starb dort während er seines eingeschworenen Feindes fluchte[59]. Wie erwartet wurde sein verhasster Feind seines beiseite geräumt.[60] Jetzt ist es entschieden, dass ihr sterben werdet. Wenn es schon so ist, solltet ihr Euch bemühen, alle eure Feinde beiseite zu räumen. Bitte behaltet Eure Loyalität bis in die andere Welt."

Ich wurde von dieser Ermahnung zutiefst bewegt. Auch Ayuzawa Idayū[61], ein weiterer Gefolgsmann des Mito-Lehens, ist hier zusammen mit Horie eingekerkert. Er schickte mir folgende Mitteilung: „Wenn ich auch nicht einschätzen kann, welches Urteil über euch gefällt wird, so habe ich bereits mein Urteil empfangen und werde auf eine entfernte Insel in die Verbannung geschickt. Es wird das Beste sein, die Zukunft des Landes den Entscheidungen des Himmels zu überlassen, nachdem ich verbannt bin. Wie auch immer möchte ich mit der Sorge um ein heilbringendes Fundament unseres Staates meine Kameraden und die jüngere Generation betrauen."

Aus ganzem Herzen stimme ich auch ihm in seiner Sichtweise zu. Auch ich möchte es so sehen. Ich hoffe zutiefst, dass mir meine Kameraden in meinen Fußstapfen mit einem starken Willen folgen und so unsere Bewegung, den Kaiser zu ehren und die Barbaren zu vertreiben, zum Erfolg bringen.

So hoffe ich, dass auch nach meinem Tode diejenigen, welche meinen Idealen folgen, die beiden kontaktieren, auch wenn Horie und Ayuzawa auf eine ferne Insel verbannt oder noch im Gefängnis sein sollten.

---

[58] Das Lehen Kuwana lag im Norden der heutigen Präfektur Mie. Bis 1823 wurde es von einem Zweig der Familie Matsudaira regiert, bevor es wieder an die Familie Hisamatsu übergeben wurde, welche in dem Lehen bereits bis 1710 herrschte. Die Familie Hisamatsu stand aufgrund ihrer Abstammung von einem Halbbruder von Tokugawa Ieyasu dem Shōgunat nahe.

[59] Im japanischen Aberglauben ist es ein Unglücksfaktor, wenn ein hingerichteter oder im Kampf sterbender Mann in seinen letzten Sekunden im Hass an seinen Gegner denkt. Dies soll Unglück und Tod dem Gegner bringen.

[60] Eventuell wird auf den Wechsel des Fürstenhauses in dem Lehen hingedeutet, auch wenn es zeitlich nicht ganz stimmig ist.

[61] Ayuzawa Idayū (1824 - 1868)

Ein Arzt mit dem Namen Yamaguchi Sanyū lebt in Kamesawa-chō in Honjyo. Es scheint, er respektiert eine gerechte Verurteilung in Form, dass er Horie und Ayazawa von außerhalb des Gefängnisses unterstützt. Darüber hinaus erscheint mir Yamaguchi noch größer, da er auf ihren Wunsch hin auch Kobayashi Minbu[62] unterstützt, welcher im völlig unbekannt ist. Er scheint für mich ein Mann zu sein, der weit über der normalen Mitmenschlichkeit steht. Es wird hilfreicher sein, Horie, Ayuzawa und Kobayashi durch diesen Arzt Yamaguchi Sanyū zu kontaktieren.

Kapitel 10

Horie Yoshinosuke war immer ein überzeugter Anhänger des Shintō[63], achtete den Kaiser und wünschte ein paar häretische Doktrinen und Irrlehren durch die Erläuterung moralischer Vorstellungen abzuschaffen. Er propagierte eine vom Kaiserhof verfasste Proklamation zur Lage der Nation, die landesweit

---

[62] Kobayashi Minbu (1808 - 1859).

[63] Die Religion des Shintō stellt für die meisten Theologen eine „Undenkbarkeit" dar: Götter, von denen es ‚Milliarden' gibt, was dazu führt, dass die meisten Gläubigen gar nicht wissen, zu wem sie gerade beten, sind nicht allmächtig, sondern örtlich begrenzt, sterblich und müssen nicht unbedingt „gut" sein (Problem: es gibt kein „Gut" und „Böse", lediglich eine situationsbedingte Relativität). Den Kernbereich bilden die Zeremonien, bei denen das Opfer (Geld, Naturalien) wichtig ist. Es gibt kein Lehrgebäude, keine heiligen Schriften, folglich spielt auch die Belehrung kaum eine Rolle und selbst die Priester haben keine wesentliche Bedeutung. „Sünden" (*tsumi*) sind zwar bekannt, im Gegensatz zu „Verunreinigungen" (*kegare*), verursacht durch moralisches Fehlverhalten oder Unfälle wie Blitzschlag, aber unbedeutend. Da es keine Orthodoxie gibt, existiert auch keine Heterodoxie, d. h. kein Irr- und Aberglaube. Alles ist Bestandteil des „Volksglaubens". Der *Tennō* gilt als „lebende Gottheit" (*aruhitokami*) und ist oberster Priester (nicht vergleichbar mit dem Papst, da es keine kirchliche Organisation gibt). Allerdings stellt die Mitte des 19. Jahrhunderts den Beginn einer Ära dar, welche Shintō zu einer Art Nationalreligion machen wollte.

verteilt wird. Ich habe eine Idee für eine solche Proklamation zur Lage der Nation. Was wir zuerst einrichten müssen, ist eine Universität in Kyoto[64], um erstens den Menschen die akademischen Traditionen des Kaiserhofes zu vermitteln und exzellente Talente zu finden und zu versammeln. Zweitens um rationelle Argumente und, sowohl historisch wie auch aktuell geführte, Debatten zu sammeln, zu editieren und in Buchform zu publizieren. Drittens um die Argumente und Debatten am Kaiserhof zu prüfen und im Land zu verbreiten. Dies wird zu einem Einigungsprozess in der öffentlichen Wahrnehmung führen.

Um diesen Plan, eine Akademie für die Bewegung zur Ehrung des Kaisers und Vertreibung der Barbaren zu gründen, hatte ich bisweilen vertrauliche Treffen mit Irie Sugizō[65]. Ich entschied mich, diesen Plan mit Horie zu besprechen und übertrug die Ausführung an Sugizō. Wenn Sugizō zusammen mit unseren Kameraden diesen Plan im Detail ausarbeitet, einflussreiche Personen innerhalb und außerhalb des Lehens um deren Zusammenarbeit fragt und den Plan erfolgreich umsetzt, was ich dann mit festem Willen vorbereitet habe, wird in der Zukunft realisiert werden.

Obwohl mein Versuch vergangenes Jahr scheiterte, einen kaiserlichen Erlass zu erhalten, muss die Bewegung zur Ehrung des Kaisers und Vertreibung der Barbaren auf alle Fälle fortgesetzt werden. Es ist unumgänglich, eine passende Methode zu finden, dies umzusetzen. Auch aus diesem Grund glaube ich, dass Vorschläge, wie in Kyoto eine Universität zu gründen, zielführend sind.

---

[64] Die zweite kaiserliche Universität Kyoto wurde 1897 gegründet.
[65] Irie Sugizō (1834 - 1864).

Kapitel 11

Laut Kobayashi Minbu erlaubt die Gakushūin[66], eine Schule für die Kinder des Hofadels, an bestimmten Tagen dem einfachen Volk wie Bauern und Händlern am Unterricht teilzunehmen. An diesen Vortragstagen hören Hofadelige auch Vorträge von Dozenten aus den Familien der Sugawara und Kiyohara[67], aber auch lokalen Vertretern des Konfuzianismus. Wenn dies so ist und wenn dieses Projekt weiter ausgebaut wird, können hieraus sicherlich hervorragende Ideen entstehen. Darüber hinaus hat Kobayashi Minbu erwähnt, dass es wohl eine gute Idee wäre, eine Schule zu gründen, welche das kaiserliche Wappen als Symbol verwendet, da auch die *Kaitakudō*[68] ein von *Reigen*[69] Jōkō[70] handgemaltes, kaiserliches Wappen verwendet hat.

Kobayashi Minbu ist ein Shōdaibu[71] aus der Familie Takatsukasa[72]. Er war zum Exil auf einer entfernten Insel verurteilt worden. Es wird gesagt, dass er im Vergleich zu seinen Kameraden, welche auch der Teilnahme am Kyoto-Zwischenfall beschuldigt wurden, das härtere Strafmaß erhielt. Er ist ein gebildeter und talentierter Mensch, nur scheint es ihm ein wenig an literarischer Bildung zu fehlen. Er scheint seine Angelegenheiten korrekt umzusetzen. Zu Beginn teilten wir uns gemeinsam eine Zelle, bevor er verlegt wurde.

---

[66] Die Schule Gakushūin wurde 1847 von Kaiser Ninkō (1800 - 1846) in Kyoto gegründet. 1877 wurde ein Ableger in Tokyo errichtet. 1885 kam es zur Gründung einer Mädchenschule. 1947 wurde die Schule privatisiert.

[67] Beide Familien stellen berühmte, mit dem Kaiserhaus verwandte Familien des Hofadels dar.

[68] Eine Privatschule der Tokugawa-Zeit.

[69] Kaiser Reigen (1654 - 1732) trat 1687 zugunsten seines Sohnes zurück. 1713 zog er sich in ein Kloster zurück,

[70] Jōkō ist der Titel ehemaliger Kaiser (*Tennō*).

[71] *Shōdaibu* war der fünfte von fünf kaiserlichen Hofrängen.

[72] Die Familie Takatsukasa ist eine hofadelige Familie, welche in der Zeit der streitenden Lande (1477 - 1573) ausstarb. Ein Sohn des Nijō Haruyoshi (1526 - 1579) nahm den Namen Takatsukasa Nobufusa an und belebte die Familie wieder. 1743 trat der kaiserliche Prinz Kan'in-no-miya Naohito-shinnō in die Familiennachfolge ein.

Kobayashi sagte mir, er stünde insbesondere Suzuka Seki-shū und Suzuka Chikushū[73] nahe, welche Shintō-Priester am Yoshida-Schrein[74] in Kyoto sind. Aus diesem Grund empfahl ich meinen Kameraden über Suzuka oder Yamaguchi in Kontakt zu Kobayashi zu treten. Suzuka und Yamaguchi werden wohl den Kameraden helfen, die in den Kyoto-Zwischenfall verwickelt waren.

Kapitel 12

Hasegawa Sōemon ist ein Gefolgsmann des Takamatsu-Lehens[75] aus der Provinz Sanuki[76]. Er war einer der Ratgeber seines Fürsten und hat alles getan, um zwischen seinem Fürsten und dem des Lehens Mito, der Hauptfamilie des Fürstenhauses, eine gegenseitige Freundschaft aufzubauen. Jetzt sitzt er im östlichen Teil in Gefangenschaft und auch sein Sohn Hasegawa Sokusui sitzt im westlichen Teil des Gefängnisses. Ich weiß nicht, aus welchem Grund die Beiden, Vater und Sohn, eingekerkert wurden. In Hinblick auf die Beiden möchte ich eigentlich folgende Episode erzählen, bei der ich mir wünsche, dass ihr es euch merkt.

Als ich den ehrwürdigen Weisen Hasegawa erstmals vor den Gefängniswärtern sah, konnten wir nicht miteinander sprechen, da wir streng bewacht worden sind. Den Gefangenen ist es untersagt, sich miteinander zu unterhalten. Aber als er

---

[73] Ein berühmterer Vertreter der Familie Suzuka aus dieser Zeit am Yoshida-Schrein war Suzuka Tsuratane (1795 - 1870), Unterstützer des Kaiserhauses und Vordenker der *Kokugaku* (Nationalen Schule).

[74] Der 859 gegründete Yoshida-Schrein liegt im östlichen Teil des Bezirks Sakyo-ku in Kyoto. Hier wurde die Yoshida-Schule im Shintō begründet.

[75] Takamatsu wurde von den Fürsten des Hauses Matsudaira regiert. Takamatsu kämpfte im Bürgerkrieg 1868 auf Seiten des Shōgunats. Es gab auch ein Takamatsu-Lehen in der Provinz Mino.

[76] Die heutige Präfektur Kagawa.

kurz vor mir stand, murmelte der ehrwürdige Weise vor sich hin: „Hänge nicht am Leben wie ein Dachziegel, wenn du es zerschlagen kannst wie einen Juwel!"

Seine Worte beeindruckten mich sehr und ich hoffe, dass ihr, meine Kameraden, meine Gefühle in diesem Augenblick nachempfinden könnt.

Kapitel 13

Ich habe die vorangegangenen Kapitel aus einem bestimmten Grund geschrieben. Um die für das Land so schwerwiegenden Angelegenheiten erfolgreich umsetzen zu können, ist es für unsere Mitstreiter im ganzen Land wichtig, miteinander kommunizieren zu können. Da ich mir neulich über die genannten Personen bewusst wurde, lasst mich sie alle euch vorstellen.

Katsuno Yasusaburō wurde aus dem Gefängnis entlassen. Für Details, fragt ihn. Katsuno Hōsaku, Vater von Yasusaburō, hält sich jetzt versteckt. Ich höre, dass er genauso denkt wie wir. Ihr solltet ihn finden, sobald mein Fall abgeschlossen ist.

Meine Freunde und Mitstreiter! Dieses Mal sind wir geschlagen worden. Schaut die verletzten Kameraden an und konsultiert sie, wie es dazu kam und für zukünftige Empfehlungen. Der gefeierte Held ist niemals entmutigt, auch nicht wenn er ein, zweimal geschlagen wurde. Meine Freunde und Mitstreiter, bitte seid beherzt! Ich verlasse mich zutiefst auf euch alle!

Kapitel 14

In seinem nur 26. Lebensjahr ist Hashimoto Sanai[77] aus dem Lehen Echizen[78] hingerichtet worden. Er wurde am 7. 10. exekutiert. Hashimoto Sanai wurde bereits wenige Tage nach seiner Einkerkerung im Ostflügel des Gefängnisses hingerichtet.

Ich wusste von Hashimoto Sanai durch Katsuno Yasusaburō, welcher nach dem Tod von Sanai in meine Zelle verlegt wurde. Immer mehr bedaure ich, dass ich keine Chance hatte, Hashimoto Sanai zu treffen. Er sagte, dass Hashimoto Sanai das *Shijitsugan*[79] las und für spätere Leser Kommentare notierte, während er unter Hausarrest stand, sowie alle 30 Rollen des *Kanki*[80].

Darüber hinaus erzählte mir Katsuno, dass Hashimoto Sanai während seiner Gefangenschaft auf die Notwendigkeit von Ausbildung und Technologie hin. Ich stimme vollständig mit diesen Ansichten von Hashimoto Sanai überein. Nachdem ich all dies durch Katsuno erfahren habe, wünschte ich ihn ins Leben zurückbringen zu können.

Wie auch immer, Hashimoto Sanai ist von uns gegangen. Leider!

---

[77] Hashimoto Sanai (1834 - 1859) wurde nach seinem Medizinstudium in Osaka und Tokyo zurück in Echizen Leiter der Lehensschule für das Fürstenhaus Matsudaira. Als loyaler Anhänger des Kaisers wurde er während der *Ansei*-Säuberungen verhaftet und hingerichtet.

[78] Heutige Präfektur Fukui.

[79] Hierbei handelt es sich um eine um 1084 zusammengestellte Kompilation von Aufzeichnungen zur alten chinesischen Geschichte.

[80] *Kanki* ist die japanische Lesung des chinesischen Klassikers *Hanji*, der Annalen der Han-Zeit, welche in 30 Rollen die Geschichte der Han-Dynastie von 206 v. Chr. bis 8 n. Chr. behandelt. Geschrieben wurde es in der späten Han-Zeit zwischen 25 und 220 n. Chr.

Kapitel 15

Ich bin überzeugt, dass die vom Priester Gesshō[81] verfassten Theorien zur Landesverteidigung und seine Liedertexte sowie die Gedichte von Kuchiba Tokusuke[82] es wert sind, gelesen zu werden. Ich würde sie gerne allen unserer Mitstreiter im ganzen Land zeigen. Konsequenterweise habe ich versprochen, diese Arbeiten an Ayuzawa Idayū ins Lehen Mito zu schicken. Ich wäre dankbar, wenn einer meiner Kameraden dieses Versprechen an meiner statt erfüllen würde.

Kapitel 16

Zu meinen Mitstreitern gab ich Informationen über Odamura Inosuke, Nakatani Masakatsu, Kubo Seitarō, Kusaka Genzui[83], die Brüder Irie Sugizō und Nomura Wasaku, detailliert über Ayusawa, Horie, Hasegawa, Kobayashi und Katsuno.

Darüber hinaus erklärte ich die Shōka Sonjuku und informierte sie, dass viele meiner Kameraden in Susa und Atsuki[84] leben. Zudem informierte ich sie über Iida Masahiro, Odera Shinnojō, Takasugi Shinsaku[85] und Itō Risuke[86]. Ich habe ihnen

---

[81] Der Priester Gesshō (1817 - 1858) war einer der Mitstreiter um Yoshida Shōin.

[82] Kuchiba Tokusuke (1834 - 1859) stand den Idealen von Yoshida Shōin sehr nahe. Er starb an einer Krankheit zu Beginn seiner politischen Karriere.

[83] Yoshidas Schüler Kusaka Genzui (1840 - 1864) war politisch sehr intensiv in der Bewegung zur Ehrung des Kaisers und Vertreibung der Barbaren tätig. Er starb 1864 in Kyoto bei einer Auseinandersetzung mit Truppen des Lehens Satsuma.

[84] Susa liegt in der Region Nagato und Atsuki in der Region Suō, die beide zur heutigen Präfektur Yamaguchi gehören.

[85] Takasugi Shinsaku (1839 - 1867) ist eine der zentralen Figuren in der Gruppe um Yoshida Shōin. Nachdem er in Chōshū die Lehensschule *Meirinkan* und die Schule von Yoshida besuchte, schickte in sein Fürst auf die Shōgunatsschule *Shoheiko* in Edo. 1859 wurde er von seinem Fürsten nach Chōshū zurückbefohlen. 1863 wurde er beauftragt, die Kiheitai als bewaffnete Miliz zu grün-

Auskünfte zu den oben genannten Personen gegeben, nicht aus eigenem Antrieb, aber aus gegebenem Anlass.

> „Alles niedergeschrieben, was meinen Geist belastete,
> habe ich nichts zu bedauern.
> Dennoch ist mein Herz erfüllt von Trostlosigkeit.
> Ich habe in dieser Welt nichts mehr zu erwarten
> außer der Vorladung durch meinen Henker.
> Wenn Mitleid mit mir euch bewegt, wer wird dann sterben?
> Ehrt den Kaiser und vertreibt die Barbaren.
> Wenn ihr mich wie einen Freund behandelt hat, behandelt
> auch meine Kameraden als Freunde.
> Vergesst niemals mein Vertrauen, die Barbaren zu
> vertreiben, indem ich siebenmal von den Toten
> zurückkehre.“

in der Dämmerung, 26.10.1859

Nijū Ikka Mōshi

---

den. 1866 konnte er das Lehen überzeugen, in eine Allianz mit dem Lehen Satsuma einzugehen und militärisch gegen das Shōgunat vorzugehen.
[86] Eventuell meint Yoshida Shōin seinen Schüler Itō Hirubumi (1841 - 1909), welcher als Hayashi Risuke geboren wurde. 1863 reiste er illegal zu Studienzwecke nach London. 1885 wurde er erster Premierminister von Japan.

Anhang

Robert Louis Stevenson: Yoshida-Torajiro[87]

The name at the head of this page is probably unknown to the English reader, and yet I think it should become a household word like that of Garibaldi or John Brown. Some day soon, we may expect to hear more fully the details of Yoshida's history, and the degree of his influence in the transformation of Japan; even now there must be Englishmen acquainted with the subject, and perhaps the appearance of this sketch may elicit something more complete and exact. I wish to say that I am not, rightly speaking, the author of the present paper: I tell the story on the authority of an intelligent Japanese gentleman, Mr. Taiso Masaki, who told it me with an emotion that does honour to his heart; and though I have taken some pains, and sent my notes to him to be corrected, this can be no more than an imperfect outline.

Yoshida-Torajiro was son to the hereditary military instructor of the house of Choshu. The name you are to pronounce with an equality of accent on the different syllables, almost as in French, the vowels as in Italian, but the consonants in the English manner – except the *J*, which has the French sound, or, as it has been cleverly proposed to write it, the sound of *zh*. Yoshida was very learned in Chinese letters, or, as we might say, in the classics, and in his father's subject; fortification was among his favourite studies, and he was a poet from his boyhood. He was born to a lively and intelligent patriotism; the condition of Japan was his great concern; and while he projected a better future, he lost no opportunity of improving

---

[87] Auszug aus Complete works of Stevenson, Volume 15, Familiar Studies of Men and Books, 1917. Die im Text Stevensons verwendete Transkription aus dem Japanischen ist beibehalten. Ursprüngliche Fußnoten des Autors sind kenntlich gemacht.

his knowledge of her present state. With this end he was continually travelling in his youth, going on foot and sometimes with three days' provision on his back, in the brave, self-helpful manner of all heroes. He kept a full diary while he was thus upon his journeys, but it is feared that these notes have been destroyed. If their value were in any respect such as we have reason to expect from the man's character, this would be a loss not easy to exaggerate. It is still wonderful to the Japanese how far he contrived to push these explorations; a cultured gentleman of that land and period would leave a complimentary poem wherever he had been hospitably entertained; and a friend of Mr. Masaki, who was likewise a great wanderer, has found such traces of Yoshida's passage in very remote regions of Japan.

Politics is perhaps the only profession for which no preparation is thought necessary; but Yoshida considered otherwise, and he studied the miseries of his fellow-countrymen with as much attention and research as though he had been going to write a book instead of merely to propose a remedy. To a man of his intensity and singleness, there is no question but that this survey was melancholy in the extreme. His dissatisfaction is proved by the eagerness with which he threw himself into the cause of reform; and what would have discouraged another braced Yoshida for his task. As he professed the theory of arms, it was firstly the defences of Japan that occupied his mind. The external feebleness of that country was then illustrated by the manners of overriding barbarians, and the visit of big barbarian war ships: she was a country beleaguered. Thus the patriotism of Yoshida took a form which may be said to have defeated itself: he had it upon him to keep out these all-powerful foreigners, whom it is now one of his chief merits to have helped to introduce; but a man who follows his own virtuous heart will be always found in the end to have been fighting for the best. One thing leads naturally to another in an awakened mind, and that with an upward progress from effect to cause. The power and knowledge of these foreigners were things inseparable; by envying them their military strength, Yoshida came to envy them their culture; from the desire to equal them in the first, sprang his desire to share with them in the second; and thus he is found treating in the same book of a new scheme to strengthen the defenses of Kioto and of the establishment, in the same city, of a university of foreign teachers. He hoped, perhaps, to get the good of other lands without their evil; to enable Japan to profit by the knowledge of the barbarians, and still keep her inviolate with her own arts and virtues. But whatever was the precise nature of his hope, the means by which it was to be accomplished were both difficult and obvious. Some one with eyes and understanding must break through the official cordon, escape into the new world, and study this other civilisation on the spot. And who could be better suited for the business? It was not without danger, but he was without fear. It needed preparation and insight; and what had he done since he was a child but prepare himself with the best culture of Japan, and acquire in his excursions the power and habit of observing?

He was but twenty-two, and already all this was clear in his mind, when news reached Choshu that Commodore Perry was lying near to Yeddo[88]. Here, then, was the patriot's opportunity. Among the Samurai of Choshu, and in particular among the councillors of the Daimio, his general culture, his views, which the enlightened were eager to accept, and, above all, the prophetic charm, the radiant persuasion of the man, had gained him many and sincere disciples. He had thus a strong influence at the provincial Court; and so he obtained leave to quit the district, and, by way of a pretext, a privilege to follow his profession in Yeddo. Thither he hurried, and arrived in time to be too late: Perry had weighed anchor, and his sails had vanished from the waters of Japan. But Yoshida, having put his hand to the plough, was not the man to go back; he had entered

---

[88] Die Umschrift Yeddo für Eddo, dem heutigen Tokyo, bezieht sich auf die erste Silbe, welche im Japanischen nicht mit „e" sondern „ye" geschrieben wird. Dabei wird das „y" nicht gesprochen.

upon this business, and, please God, he would carry it through; and so he gave up his professional career and remained in Yeddo to be at hand against the next opportunity. By this behaviour he put himself into an attitude towards his superior, the Daimio of Choshu, which I cannot thoroughly explain. Certainly, he became a Ronyin[89], a broken man, a feudal outlaw; certainly he was liable to be arrested if he set foot upon his native province; yet I am cautioned that "he did not really break his allegiance," but only so far separated himself as that the prince could no longer be held accountable for his late vassal's conduct. There is some nicety of feudal custom here that escapes my comprehension.

In Yeddo, with this nondescript political status, and cut off from any means of livelihood, he was joyfully supported by those who sympathised with his design. One was Sakuma-Shozan, hereditary retainer of one of the Shogun's councillors, and from him he got more than money or than money's worth. A steady, respectable man, with an eye to the world's opinion, Sakuma was one of those who, if they cannot do great deeds in their own person, have yet an ardour of admiration for those who can, that recommends them to the gratitude of history. They aid and abet greatness more, perhaps, than we imagine. One thinks of them in connection with Nicodemus, who visited our Lord by night. And Sakuma was in a position to help Yoshida more practically than by simple countenance; for he could read Dutch, and was eager to communicate what he knew.

While the young Ronyin thus lay studying in Yeddo, news came of a Russian ship at Nangasaki[90]. No time was to be lost. Sakuma contributed "a long copy of encouraging verses and off set Yoshida on foot for Nangasaki. His way lay through his own province of Choshu; but, as the highroad to the south lay

---

[89] *Ronin*. Angehöriger des Samurai-Standes ohne Dienstherren.
[90] Nagasaki. Stadt auf Kyūshū im Westen Japans. Damals Standort des einzigen Hafens, an dem ausländische Schiffe an der japanischen Küste anlegen durften. Hierüber erfolgte auch der Wissenstransfer nach Japan.

apart from the capital, he was able to avoid arrest. He supported himself, like a Trouvere, by his proficiency in verse. He carried his works along with him, to serve as an introduction. When he reached a town he would inquire for the house of any one celebrated for swordsmanship, or poetry, or some of the other acknowledged forms of culture; and there, on giving a taste of his skill, he would be received and entertained, and leave behind him, when he went away, a compliment in verse. Thus he travelled through the Middle Ages on his voyage of discovery into the nineteenth century. When he reached Nangasaki he was once more too late. The Russians were gone. But he made a profit on his journey in spite of fate, and stayed awhile to pick up scraps of knowledge from the Dutch interpreters – a low class of men, but one that had opportunities; and then, still full of purpose, returned to Yeddo on foot, as he had come.

It was not only his youth and courage that supported him under these successive disappointments, but the continual affluence of new disciples. The man had the tenacity of a Bruce or a Columbus, with a pliability that was all his own. He did not fight for what the world would call success; but for "the wages of going on." Check him off in a dozen directions, he would find another outlet and break forth. He missed one vessel after another, and the main work still halted; but so long as he had a single Japanese to enlighten and prepare for the better future, he could still feel that he was working for Japan. Now, he had scarce returned from Nangasaki, when he was sought out by a new inquirer, the most promising of all. This was a common soldier, of the Hemming class, a dyer by birth, who had heard vaguely[91] of Yoshida's movements, and had

---

[91] Yoshida, when on his way to Nangasaki, met the soldier and talked with him by the roadside; they then parted, but the soldier was so much struck by the words he heard, that on Yoshida's return he sought him out and declared his intention of devoting his life to the good cause. I venture, in the absence of the writer, to insert this correction, having been present when the story was told by Mr. Masaki. — F. J. And I, there being none to settle the difference, must reproduce both versions – R.L.S. [Robert Louis Stevenson].

become filled with wonder as to their design. This was a far different inquirer from Sakuma-Shozan, or the councillors of the Daimio of Choshu. This was no two-sworded gentleman, but the common stuff of the country, born in low traditions and unimproved by books; and yet that influence, that radiant persuasion that never failed Yoshida in any circumstance of his short life, enchanted, enthralled, and converted the common soldier, as it had done already with the elegant and learned. The man instantly burned up into a true enthusiasm; his mind had been only waiting for a teacher; he grasped in a moment the profit of these new ideas; he, too, would go to foreign, outlandish parts, and bring back the knowledge that was to strengthen and renew Japan; and in the meantime, that he might be the better prepared, Yoshida set himself to teach, and he to learn, the Chinese literature. It is an episode most honourable to Yoshida, and yet more honourable still to the soldier, and to the capacity and virtue of the common people of Japan.

And now, at length, Commodore Perry returned to Simoda[92]. Friends crowded round Yoshida with help, counsels, and encouragement. One presented him with a great sword, three feet long and very heavy, which, in the exultation of the hour, he swore to carry throughout all his wanderings, and to bring back — a far-travelled weapon — to Japan. A long letter was prepared in Chinese for the American officers; it was revised and corrected by Sakuma, and signed by Yoshida, under the name of Urinaki-Manji, and by the soldier under that of Ichigi-Koda. Yoshida had supplied himself with a profusion of materials for writing; his dress was literally stuffed with paper which was to come back again enriched with his observations, and make a great and happy kingdom of Japan. Thus equipped, this pair of emigrants set forward on foot from Yeddo, and reached Simoda about nightfall. At no period within history can travel have presented to any European creature the same face of awe and terror as to these courageous

---

[92] Shimoda

Japanese. The descent of Ulysses into hell is a parallel more near the case than the boldest expedition in the Polar circles. For their act was unprecedented; it was criminal; and it was to take them beyond the pale of humanity into a land of devils. It is not to be wondered at if they were thrilled by the thought of their unusual situation; and perhaps the soldier gave utterance to the sentiment of both when he sang, "in Chinese singing" (so that we see he had already profited by his lessons), these two appropriate verses:

"We do not know where we are to sleep to-night, in a thousand miles of desert where we can see no human smoke."

In a little temple, hard by the sea-shore, they lay down to repose; sleep overtook them as they lay; and when they awoke, "the east was already white" for their last morning in Japan. They seized a fisherman's boat and rowed out — Perry lying far to sea because of the two tides. Their very manner of boarding was significant of determination; for they had no sooner caught hold upon the ship than they kicked away their boat to make return impossible. And now you would have thought that all was over. But the Commodore was already in treaty with the Shogun's Government; it was one of the stipulations that no Japanese was to be aided in escaping from Japan; and Yoshida and his followers were handed over as prisoners to the authorities at Simoda. That night he who had been to explore the secrets of the barbarian slept, if he might sleep at all, in a cell too short for lying down at full length, and too low for standing upright. There are some disappointments too great for commentary.

Sakuma, implicated by his handwriting, was sent into his own province in confinement, from which he was soon released. Yoshida and the soldier suffered a long and miserable period of captivity, and the latter, indeed, died, while yet in prison, of a skin disease. But such a spirit as that of Yoshida-

Torajiro is not easily made or kept a captive; and that which cannot be broken by misfortune you shall seek in vain to confine in a bastille. He was indefatigably active, writing reports to Government and treatises for dissemination. These latter were contraband; and yet he found no difficulty in their distribution, for he always had the jailor on his side. It was in vain that they kept changing him from one prison to another; Government by that plan only hastened the spread of new ideas; for Yoshida had only to arrive to make a convert. Thus, though he himself has laid by the heels, he confirmed and extended his party in the State.

At last, after many lesser transferences, he was given over from the prisons of the Shogun to those of his own superior, the Daimio of Choshu. I conceive it possible that he may then have served out his time for the attempt to leave Japan, and was now resigned to the provincial Government on a lesser count, as a Ronyin or feudal rebel. But, however that may be, the change was of great importance to Yoshida; for by the influence of his admirers in the Daimio's council, he was allowed the privilege, underhand, of dwelling in his own house. And there, as well to keep up communication with his fellow-reformers as to pursue his work of education, he received boys to teach. It must not be supposed that he was free; he was too marked a man for that; he was probably assigned to some small circle, and lived, as we should say, under police surveillance; but to him, who had done so much from under lock and key, this would seem a large and profitable liberty.

It was at this period that Mr. Masaki was brought into personal contact with Yoshida; and hence, through the eyes of a boy of thirteen, we get one good look at the character and habits of the hero. He was ugly and laughably disfigured with the smallpox; and while nature had been so niggardly with him from the first, his personal habits were even sluttish. His clothes were wretched; when he ate or washed he wiped his hands upon his sleeves; and as his hair was not tied more than once in the two months, it was often disgusting to behold. With such a picture, it is easy to believe that he never married. A good teacher, gentle in act, although violent and abusive in speech, his lessons were apt to go over the heads of his scholars and to leave them gaping, or more often laughing. Such was his passion for study that he even grudged himself natural repose; and when he grew drowsy over his books he would, if it was summer, put mosquitoes up his sleeve; and, if it was winter, take off his shoes and run barefoot on the snow. His handwriting was exceptionally villainous; poet though he was, he had no taste for what was elegant; and in a country where to write beautifully was not the mark of a scrivener but an admired accomplishment for gentlemen, he suffered his letters to be jolted out of him by the press of matter and the heat of his convictions. He would not tolerate even the appearance of a bribe; for bribery lay at the root of much that was evil in Japan, as well as in countries nearer home; and once when a merchant brought him his son to educate, and added, as was customary[93], a little private sweetener, Yoshida dashed the money in the giver's face, and launched into such an outbreak of indignation as made the matter public in the school. He was still, when Masaki knew him, much weakened by his hardships in prison; and the presentation sword, three feet long, was too heavy for him to wear without distress; yet he would always gird it on when he went to dig in his garden. That is a touch which qualifies the man. A weaker nature would have shrunk from the sight of what only commemorated a failure. But he was of Thoreau's mind, that if you can "make your failure tragical by courage, it will not differ from success." He could look back without confusion to his enthusiastic promise. If events had been contrary, and he found himself unable to carry out that purpose – well, there was but the more reason to be brave and constant in another; if he could not carry the sword into

---

[93] I understood that the merchant was endeavouring surreptitiously to obtain for his son instruction to which he was not entitled. — F. J. [Robert Louis Stevenson].

barbarian lands, it should at least be witness to a life spent entirely for Japan.

This is the sight we have of him as he appeared to schoolboys, but not related in the schoolboy spirit. A man so careless of the graces must be out of court with boys and women. And, indeed, as we have all been more or less to school, it will astonish no one that Yoshida was regarded by his scholars as a laughing-stock. The schoolboy has a keen sense of humour. Heroes he learns to understand and to admire in books; but he is not forward to recognise the heroic under the traits of any contemporary man, and least of all in a brawling, dirty, and eccentric teacher. But as the years went by, and the scholars of Yoshida continued in vain to look around them for the abstractly perfect, and began more and more to understand the drift of his instructions, they learned to look back upon their comic school-master as upon the noblest of mankind.

The last act of this brief and full existence was already near at hand. Some of his work was done; for already there had been Dutch teachers admitted into Nangasaki, and the country at large was keen for the new learning. But though the renaissance had begun, it was impeded and dangerously threatened by the power of the Shogun. His minister – the same who was afterwards assassinated in the snow in the very midst of his bodyguard – not only held back pupils from going to the Dutchmen, but by spies and detectives, by imprisonment and death, kept thinning out of Japan the most intelligent and active spirits. It is the old story of a power upon its last legs – learning to the bastille, and courage to the block; when there are none left but sheep and donkeys, the State will have been saved. But a man must not think to cope with a Revolution; nor a minister, however fortified with guards, to hold in check a country that had given birth to such men as Yoshida and his soldier-follower. The violence of the ministerial Tarquin only served to direct attention to the illegality of his master's rule; and people began to turn their allegiance from Yeddo and the Shogun to the long-forgotten Mikado in his seclusion at Kioto. At this juncture, whether in consequence or not, the relations between these two rulers became strained; and the Shogun's minister set forth for Kioto to put another affront upon the rightful sovereign. The circumstance was well fitted to precipitate events. It was a piece of religion to defend the Mikado; it was a plain piece of political righteousness to oppose a tyrannical and bloody usurpation. To Yoshida the moment for action seemed to have arrived. He was himself still confined in Choshu. Nothing was free but his intelligence; but with that he sharpened a sword for the Shogun's minister. A party of his followers were to waylay the tyrant at a village on the Yeddo and Kioto road, present him with a petition, and put him to the sword. But Yoshida and his friends were closely observed; and the too great expedition of two of the conspirators, a boy of eighteen and his brother, wakened the suspicion of the authorities, and led to a full discovery of the plot and the arrest of all who were concerned.

In Yeddo, to which he was taken, Yoshida was thrown again into a strict confinement. But he was not left destitute of sympathy in this last hour of trial. In the next cell lay one Kusakabe, a reformer from the southern highlands of Satzuma[94]. They were in prison for different plots indeed, but for the same intention; they shared the same beliefs and the same aspirations for Japan; many and long were the conversations they held through the prison wall, and dear was the sympathy that soon united them. It fell first to the lot of Kusakabe to pass before the judges; and when sentence had been pronounced he was led towards the place of death below Yoshida's window. To turn the head would have been to implicate his fellow-prisoner; but he threw him a look from his eye, and bade him farewell in a loud voice, with these two Chinese verses:

"It is better to be a crystal and be broken, than to remain perfect like a tile upon the housetop."

---

[94] Satsuma war ein Lehen im Süden der Insel Kyūshū.

So Kusakabe, from the highlands of Satzuma, passed out of the theatre of this world. His death was like an antique worthy's.

A little after, and Yoshida too must appear before the Court. His last scene was of a piece with his career, and fitly crowned it. He seized on the opportunity of a public audience, confessed and gloried in his design, and, reading his auditors a lesson in the history of their country, told at length the illegality of the Shogun's power and the crimes by which its exercise was sullied. So, having said his say for once, he was led forth and executed, thirty-one years old.

A military engineer, a bold traveller (at least in wish), a poet, a patriot, a schoolmaster, a friend to learning, a martyr to reform, – there are not many men, dying at seventy, who have served their country in such various characters. He was not only wise and provident in thought, but surely one of the fieriest of heroes in execution. It is hard to say which is most remarkable – his capacity for command, which subdued his very jailors; his hot, unflagging zeal; or his stubborn superiority to defeat. He failed in each particular enterprise that he attempted; and yet we have only to look at his country to see how complete has been his general success. His friends and pupils made the majority of leaders in that final Revolution, now some twelve years old; and many of them are, or were until the other day, high placed among the rulers of Japan. And when we see all round us these brisk intelligent students, with their strange foreign air, we should never forget how Yoshida marched afoot from Choshu to Yeddo, and from Yeddo to Nangasaki, and from Nangasaki back again to Yeddo; how he boarded the American ship, his dress stuffed with writing material; nor how he languished in prison, and finally gave his death, as he had formerly given all his life and strength and leisure, to gain for his native land that very benefit which she now enjoys so largely. It is better to be Yoshida and perish, than to be only Sakuma and yet save the hide. Kusakabe, of

Satzuma, has said the word: it is better to be a crystal and be broken.

I must add a word; for I hope the reader will not fail to perceive that this is as much the story of a heroic people as that of a heroic man. It is not enough to remember Yoshida; we must not forget the common soldier, nor Kusakabe, nor the boy of eighteen, Nomura, of Choshu, whose eagerness betrayed the plot. It is exhilarating to have lived in the same days with these great-hearted gentlemen. Only a few miles from us, to speak by the proportion of the universe, while I was droning over my lessons, Yoshida was goading himself to be wakeful with the stings of the mosquito; and while you were grudging a penny income tax, Kusakabe was stepping to death with a noble sentence on his lips.